특 효 약

유·초·중 특수교사 임용시험의 모든 것
박해인 특수의 정석

박해인 편지

특효약
개정판

JN345947

저자 카페 [박해인 특수교육]
cafe.daum.net/specialhein

모듀

특수교사 임용의 정석_특효약

특수교육학 키워드를 효율적으로 인출하여 약점 극복하기

인추리가 알려주는 이 책의 활용법

01
키워드 리스트에서
전반적인 내용을 확인하고
단원이나 중요도를 표시하세요!

02
키워드에서
기본적인 내용을 암기하고
기출연도나 기출문구 등
하단에 추가하고 싶은 내용을
표시하세요!

03
키워드 체크리스트에서
자신의 암기 정도를 점검하고 표시하여
취약한 부분을 발견하고 복습을 통해
보완하세요!

특수교사 임용의 정석_특효약

CONTENTS

01	청각장애	5
02	의사소통장애	19
03	시각장애	37
04	지체장애 및 중도·중복장애	57
05	특수교육공학	81
06	통합교육	99
07	행동지원	111
08	지적장애	139
09	자폐성장애	155
10	정서·행동장애	167
11	학습장애	183
12	진단평가	215
13	전환교육	231

CHAPTER 01
청각장애

특수교육학 키워드를 효율적으로 인출하여 약점 극복하기

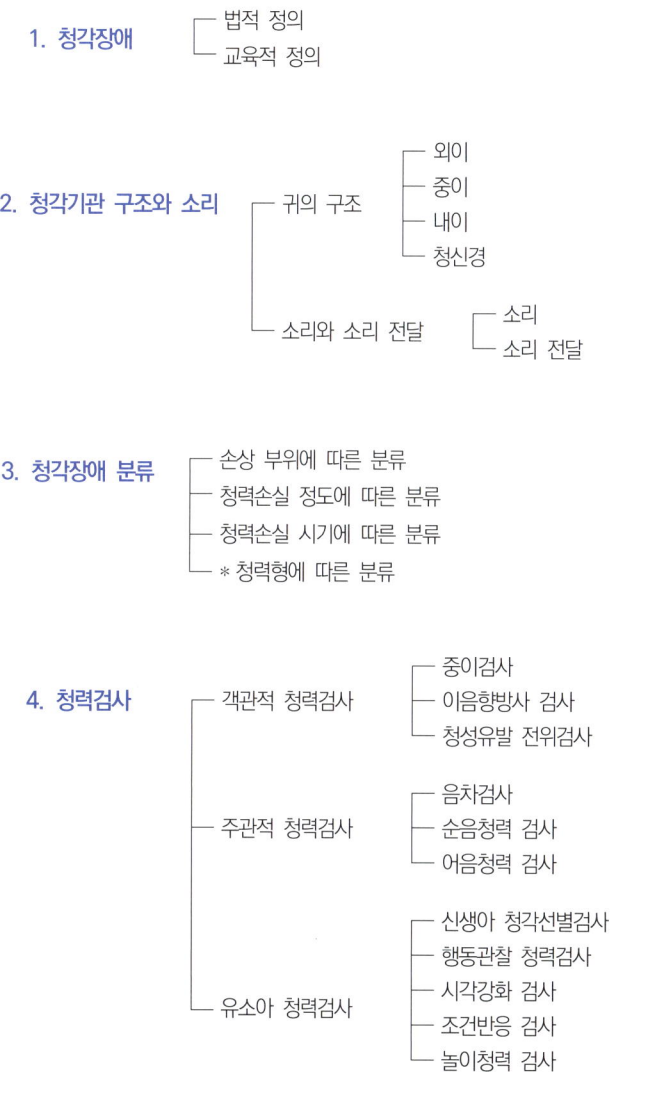

1. 청각장애
   - 법적 정의
   - 교육적 정의

2. 청각기관 구조와 소리
   - 귀의 구조
     - 외이
     - 중이
     - 내이
     - 청신경
   - 소리와 소리 전달
     - 소리
     - 소리 전달

3. 청각장애 분류
   - 손상 부위에 따른 분류
   - 청력손실 정도에 따른 분류
   - 청력손실 시기에 따른 분류
   - *청력형에 따른 분류

4. 청력검사
   - 객관적 청력검사
     - 중이검사
     - 이음향방사 검사
     - 청성유발 전위검사
   - 주관적 청력검사
     - 음차검사
     - 순음청력 검사
     - 어음청력 검사
   - 유소아 청력검사
     - 신생아 청각선별검사
     - 행동관찰 청력검사
     - 시각강화 검사
     - 조건반응 검사
     - 놀이청력 검사
   - *음장청력 검사
   - *주관적 중추청각처리 검사

청각장애 구조도

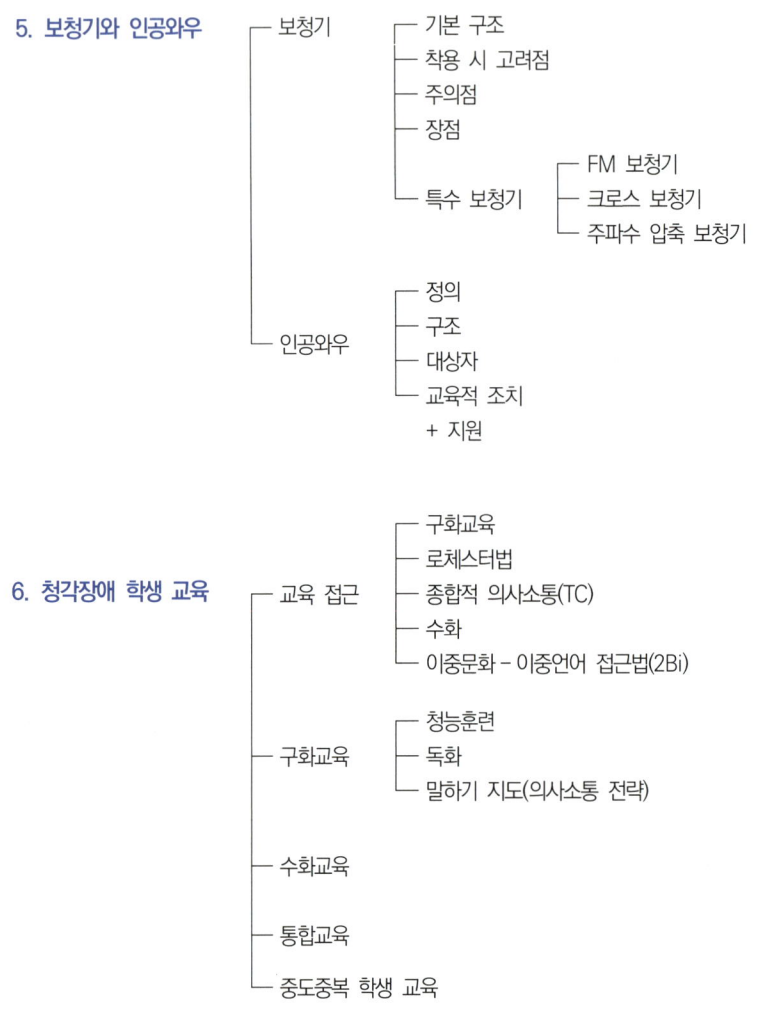

01 청각장애

KEYWORD LIST

- 01 귀의 구조
- 02 dB(데시벨)
- 03 Hz(주파수)
- 04 지속시간
- 05 소리 전달
- 06 전음성 청각장애
- 07 감음신경성 청각장애 (=미로성 난청)
- 08 혼합성 청각장애
- 09 청각처리장애(APD) (=후미로성 난청)
- 10 편측성 난청
- 11 순음청력검사 목적
- 12 순음청력검사 유형
- 13 차폐
- 14 청력검사 관련 용어
- 15 어음인지역치 검사 목적과 결과해석
- 16 어음명료도 검사 목적과 결과해석
- 17 링의 6개음 검사
- 18 보청기 기본사항
- 19 보청기 증폭시스템
- 20 특수보청기
- 21 인공와우 기본사항
- 22 인공와우 착용 시 유의점
- 23 인공와우 프로그래밍
- 24 2Bi (이중언어·이중문화접근법)
- 25 청능훈련 정의
- 26 듣기기술의 단계
- 27 독화의 한계
- 28 큐드스피치
- 29 말하기 지도 전략
- 30 자연 수어와 문법 수어
- 31 수화소와 최소대립쌍
- 32 수어의 언어 및 표현상의 특징
- 33 통합교육 시 유의점
- 34 촉수화, 촉지문자, 손가락 점자

01	귀의 구조	외이 – 중이 – 내이 – 청신경 – 뇌

02	dB(데시벨)	dB(데시벨)은 소리의 단위이며 힘과 압력으로 구분할 수 있다.

힘	dB IL	소리의 힘
압력	dB SPL	발성과 관련된 음압
	dB HL	인간의 귀가 느끼는 평균적인 가청수준 0dB HL은 정상 성인의 평균 최소 가청역치
	dB SL	개인의 절대역치를 초과한 만큼의 감각레벨

03	Hz(주파수)	사람의 말소리는 500Hz에서 4,000Hz에 대부분이 분포하며, 250Hz에는 초분절적 요소(강세, 억양, 속도, 어조)와 비음 등이 분포되어 있다. 1,000Hz를 기준으로 하여 자음은 1,000Hz 이상, 모음은 1,000Hz 이하의 주파수 대역에 분포되어 있으며, 모음 중 /ee/, /ah/, /oo/는 제1형성음과 제2형성음으로, 모음의 장단 길이, 혀의 높이 등에 의해 주파수의 높낮이가 구분될 수 있다.
04	지속시간	같은 크기와 같은 음의 높이를 가진 소리라고 해도 지속시간(리듬)이 다르면 다르게 들린다.
05	소리 전달	기도 전도는 공기를 통해 들어온 소리가 외이-중이-내이로 전해지는 과정이고, 골도 전도는 두개골에서 직접 내이로 전해지는 과정이다.
06	전음성 청각장애	전음기관인 외이나 중이에 장애를 가지고 있는 것으로, 기도 역치는 손상이나 골도 역치는 정상 범위이다. 청력손실 정도는 대부분 60dB 이하이며, 의료적 처치도 가능하다.
07	감음신경성 청각장애 (=미로성 난청)	감음기관인 내이에 장애를 가지고 있는 것으로, 기도 역치나 골도 역치 모두 손상이며, 기도 역치와 골도 역치의 차이는 10~15dB 이내로 거의 없다. 청력손실 정도는 경도부터 전농에 이르며, 보청기가 효과적이지 못할 시 인공와우 시술을 고려한다.

08	혼합성 청각장애	전음기관, 감음기관 모두 장애를 가지고 있는 것으로, 기도 역치나 골도 역치 모두 손상이며, 기도 역치와 골도 역치의 차이가 10~15dB이상 나타난다. 이때 기도청력 손실이 더 많다. 전음기관은 치료가 가능하나 감음기관은 치료가 불가능하다.
09	청각처리 장애(APD) (=후미로성 난청)	후미로성 청각 문제로서 외이부터 청신경까지를 포함한 감각계통(감음 청각 신경계) 청각기관은 문제가 없고, 중추청각신경계에 문제가 있다. 순음청력검사 결과 정상적인 청력 역치를 보이며, 배경 소음이 있는 상황에서 구어를 이해하는 데 어려움이 있다. 교실 수정, FM보청기(증폭기) 사용, 청각 기술 향상 훈련을 통해 중재한다.
10	편측성 난청	한쪽 귀만 청력손실이 있는 경우이며, 소리방향 인지, 어음변별력, 평형, 양이합산 등에 어려움이 있다.
11	순음청력 검사 목적	순음청력검사를 통해 청력손실의 유무, 편측성과 양측성, 청력손실의 정도, 청력손실의 종류 및 병변 부위, 청력형, 청능재활 정보를 확인할 수 있다.

12	순음청력 검사 유형	순음청력검사는 기도검사와 골도검사로 나눌 수 있으며, 각 주파수별로 순음을 제시했을 때 50% 이상을 듣는 최소가청역치를 구한다. 이때 1,000Hz 구간에서 두 번 측정하는데, 그 이유는 1,000Hz가 말소리를 지각하는 데 가장 중심이 되는 주파수이며, 두 번 측정함으로써 검사의 신뢰도를 측정할 수 있기 때문이다.
13	차폐	차폐는 검사귀의 소리자극을 비검사귀가 듣는 반대청취를 예방하기 위해 비검사귀에 잡음을 제공하는 것을 말한다.

차폐음에 사용되는 잡음

협대역 잡음	- 검사음의 주파수를 중심으로 위아래의 좁은 범위의 주파수를 제공하는 잡음 - 검사 상황에서 다양한 주파수별로 각각의 소리 제공 - 순음청력검사에 활용
백색 잡음	- 10~10,000Hz의 전 주파수에 걸쳐 거의 동일한 강도의 에너지를 가진 신호음 - 어음청력검사에 활용

14	청력검사 관련 용어	최소가청역치는 들을 수 있는 소리의 가장 작은 강도를 말한다. 쾌적역치는 피검자가 가장 편안히 느끼는 강도를 말한다. 불쾌역치는 피검자가 자극음으로부터 불쾌감을 느끼는 강도를 말한다. 역동범위는 최소가청역치에서 불쾌역치 사이의 범위를 말한다.
15	어음인지역치 검사 목적과 결과해석	2음절 강강격 단어를 50% 인지하는 최소어음강도를 찾는 방법이며, 어음에 대한 민감도를 측정한다. 검사결과로 나온 어음인지역치와 순음평균역치의 차이가 10dB~15dB 이내일 경우에 순음청력검사의 신뢰성이 좋다고 판단한다.

| 16 | 어음명료도 검사 목적과 결과해석 | 쾌적수준에서 정확하게 인지하는 단음절의 비율을 측정하는 방법이며, 어음에 대한 정확도를 측정한다. 중추신경성 난청의 경우 최대명료도에서 소리 강도를 높이면 오히려 명료도가 낮아지는 말림 현상이 나타난다. |

건청인	전음성 난청	감음신경성 난청	중추신경성 난청
20~40dB에서 100%	40dB 이상에서 100%	약 70dB에서 70%	약 70dB에서 40%

| 17 | 링의 6개음 검사 | 약 250~8,000Hz 사이의 주파수 대역과 약 30~60dB 사이의 강도에 분포하는 대표적인 말소리 6개음(ee[i], oo[u], ah[a], sh[ʃ], ss[s], m[m])을 선정하여 청각장애 아동의 어음 청취력을 간편하게 진단하는 방법이다.
검사결과를 통해 발성 지도를 시작하기 전 아동의 청취력을 평가할 수 있으며, 보청기나 인공와우 착용 후 아동이 어음을 잘 듣고 있는지 간편하게 알 수 있다. |

| 18 | 보청기 기본사항 | 보청기의 기본 구조는 송화기-증폭기-수화기로 구성된다.
보청기를 사용할 때는 정전기가 발생하지 않도록 주의해야 하며, 음향되울림이 발생하지 않도록 이어몰드의 공기유입이 차단되었는지, 건전지 교체시기를 놓치지 않았는지 확인해야 한다.
습기가 차지 않도록 착용하지 않을 때는 건전지 입구를 열어두며,
물에 닿았을 때는 자연 상태로 건조시키거나 헤어드라이기를 사용한다. |

19 보청기 증폭시스템

신호처리 방식에 따른 분류		압축방식에 따른 분류		채널방식에 따른 분류	
아날로그 증폭기	디지털 증폭기	선형 증폭기	비선형 증폭기	단채널	다채널

20 특수보청기

특수보청기는 대표적으로 FM보청기와 크로스 보청기가 있다.

FM보청기는 라디오 주파수를 이용한 청각 보조기기로, 화자의 말소리만 증폭하여 신호대잡음비가 높아지는 효과가 있지만, 주파수 혼선의 문제가 있을 수 있다.

크로스 보청기는 청력이 나쁜 쪽 귀로 입력된 소리를 좋은 쪽 귀로 보내주어 청취할 수 있는 보청기로, 편측성 청각장애가 사용하는 경우 소리증폭 효과를 볼 수 있다.

> **신호대잡음비** 신호(말소리)와 잡음(소음)의 비율로,
> + 값이 산출될수록 말소리가 더 큰 것이다.

21 인공와우 기본사항

인공와우는 내이를 대신하여 소리에너지를 전기에너지로 변환시켜 청신경을 직접 자극하는 전자보조장치이다.

인공와우 구조					
체외부			체내부		
마이크	어음처리기	송신기	수신기		전극

22	인공와우 착용 시 유의점	과격한 체육활동에 참여할 시에는 헬멧을 착용하거나 수술 부위에 충격을 받지 않도록 한다. 정전기에 노출될 경우 어음처리기의 맵(map)이 변조될 수 있으니 플라스틱으로 된 기구와 카펫은 피하는 것이 좋다. 습기를 조심해야 하므로 물이 들어가지 않도록 주의한다.
23	인공와우 프로그래밍	맵핑이라고도 하며, 어음처리기에 프로그래밍하는 과정을 의미한다. 착용자의 쾌적역치(C-level)와 최소가청역치(T-level)를 찾고 T-level과 C-level의 차이를 구해 역동범위를 설정한다. 만들어진 맵은 각각의 전극에 대한 자세한 전류정보가 기록되어 있으므로 다른 사람이 사용할 수 없으며, 소리 자극에 대한 수용 능력이 변화할 때마다 교체해 주어야 한다.
24	2Bi (이중언어·이중문화 접근법)	농아동에게 기본적으로 수어를 가르치고, 국어를 2차 언어로 가르치는 교수법으로, 농인의 정체성을 확립하고 수어 사용을 통해 자아실현과 학업성취도 및 언어발달을 촉진한다.
25	청능훈련 정의	청능훈련이란 청각장애인에게 남아 있는 잔존청력을 최대한 활용해 소리와 말을 듣고 이해하는 청각적 수용력을 발달시키는 것을 말한다. 이를 통해 어음변별 능력을 향상시키고 보청기나 인공와우의 착용효과를 높일 수 있다.

26 듣기기술의 단계

듣기 기술의 네 가지 단계는 연속적이면서 중복되는 성격을 가지고 있다.

음의 인식	소리가 있고 없음에 반응함
음의 변별	2개 이상의 소리 자극의 차이를 지각함
음의 확인	들리는 소리가 무엇인지 앎
음의 이해	언어의 의미를 이해함

27 독화의 한계

독화란 상대방의 입 모양이나 움직임을 시각적으로 받아들이고 해석하여 음성언어를 이해하는 기술이다.

낮은 가시도	치조음, 경구개음, 연구개음의 조음운동이 시각적으로 확인하기 어려움
동형 이음어	/바, 파, 마/와 같은 단어는 입 모양이 비슷해 구분하기 어려움
빠른 구어속도	정상적인 회화어의 속도는 독화하기에 빠름
음운환경에 따른 전이효과	음운변동에 따라 다르게 발음되는 단어의 어려움
조음운동의 개인차	동일한 음소여도 사람마다 입모양이 다름
환경적 제약	화자의 자세, 조명, 시야 방해 등에 따른 어려움

28 큐드스피치

낮은 가시도와 변별의 어려움이 있는 독화의 제한점을 극복하고자
보다 정확하게 청각적 메시지를 시각적으로 전달해주는 것을 말한다.
화자가 입 모양과 수신호를 동시에 사용하면,
청자는 입 모양, 손 모양, 손 위치를 동시에 코딩하여 해독한다.

입 모양	손 모양	손 위치(입, 턱, 목 옆)
말 읽기	자음	모음, 종성 자음

29. 말하기 지도 전략

청자입장			
예기 전략	예상되는 의사소통 상황을 가정하여 미리 준비하는 전략		
수정 전략	화자의 말을 알아듣지 못하였을 때 화자의 행동, 환경 수정을 요구하는 전략		
회복 전략	화자의 말을 알아듣지 못하였을 때 요구하는 전략		
		반복	다시 한 번 말해줄 것을 요구
		바꾸어 말하기	다른 단어를 사용해서 유사한 의미를 갖는 문장으로 재구조화할 것을 요구
		간략화	쉬운 단어를 사용하거나 단어의 수를 적게 하여 말해 줄 것을 요구

화자입장			
발화수정 전략	청각장애 아동의 말을 상대방이 이해하지 못하였을 때 스스로 회복할 수 있는 전략 메시지를 수정하거나 변경하여 의사소통을 유지하기 위한 목적		
		반복	발화 내용을 똑같이 반복
		수정	발화 내용을 새로운 단어나 구문으로 반복
		부연 설명	이전 발화를 자세히 설명
		구어확인	청자가 요청한 정보만을 구어로 제시
		비구어 반응	청자의 질문에 몸짓으로 대답
		부적절한 반응	반응하지 않거나 이전 발화와 관련 없는 단어, 구문으로 반응

30. 자연 수어와 문법 수어

자연 수어	문법 수어
농인들이 문화와 관습 속에서 자연발생적으로 만들어낸 수어	각국의 언어 문법에 맞게 인위적으로 만들어 낸 수어
구조와 어순이 음성언어와 매우 다름	구조와 어순이 음성언어와 매우 유사
지화를 거의 활용하지 않음	지화를 적극 활용함
따로 문법을 갖추지 않고 비수지 신호를 통하여 언어적 특성을 표현함	국어와 문법이 일치
축약하여 내용을 전달함	국어 문법 체계에 따라 문장으로 표현을 나타냄

31. 수화소와 최소대립쌍

음성언어의 음소처럼 수어는 수화소를 사용하여 어휘를 구성한다.

수형	두 손의 형태	수향	손바닥과 손 끝의 방향
수위	손의 위치	수동	수형의 운동
비수지신호	얼굴 표정이나 입 모양 등 손동작 외의 몸짓이 주는 신호		

이 중 비수지신호는 음성언어에서 초분절음과 같은 역할을 하며, 문장을 이해하는데 중요한 역할과 문법적 기능을 담당한다.
수어에서 최소대립쌍이란 수형, 수위, 수동, 수향에 해당하는 수화소 가운데 하나에서만 대조를 보임으로써 의미가 달라지는 것을 말한다.

32	수어의 언어 및 표현상의 특징	수어의 기본 어순과 종결어미는 문법 수화와 다르게 표현되며, 높임법에서도 비수지 신호를 사용하여 높임을 표현한다. 또 수어에서는 관용적 표현을 자주 사용하고, 두 가지 수어를 결합한 복합어를 형성하기도 한다.

도상성	실제로 지시하는 대상이 언어에 투영되어 있는 것	가역성	어떤 상태로 변했다가 본 상태로 되돌아가는 성질을 가진 것
자의성	낱말과 대상 간에 직접적인 관계가 없는 것	축약성	전달하려는 메시지의 손상을 주지 않으면서 화자와 청자 간에 시간을 절약하거나 의미를 간결하게 해주는 것
동시성	여러 가지 요소가 동시에 산출되는 것	공간성	수화가 만들어지는 특정 공간에 따라 의미와 문법이 달라지는 것
비수지신호	얼굴 표정이나 입 모양 등 손동작 외의 몸짓이 주는 신호		

33 통합교육 시 유의점

교실의 소음을 줄이며, 학생의 자리는 교사의 말을 독화하기에 가장 좋은 자리가 어디인지 학생과 상의하여 결정한다. 교사는 완전한 문장으로 말하며, 설명할 때 등을 돌리는 일이 없도록 주의한다.

수화통역자가 있다면 청각장애 학생이 잘 볼 수 있는 위치에 있도록 하며, 학생의 이해에 대한 책임은 교사 자신에게 있음을 인식하고, 질문을 할 때는 학생에게 직접 한다.

34 촉수화, 촉지문자, 손가락 점자

촉수화	청각장애 이후 시각장애가 발생한 아동이 촉각으로 수어를 주고받는 것
촉지문자	청각장애 이후 시각장애가 발생한 아동이 수어를 익히지 못한 경우에 지문자를 사용하는 것
손가락 점자	시각장애 이후 청각장애가 발생한 아동이 점자를 양손의 손가락(양쪽 3점씩)으로 표현하는 방법

CHAPTER

02

의사소통장애

의사소통장애 구조도

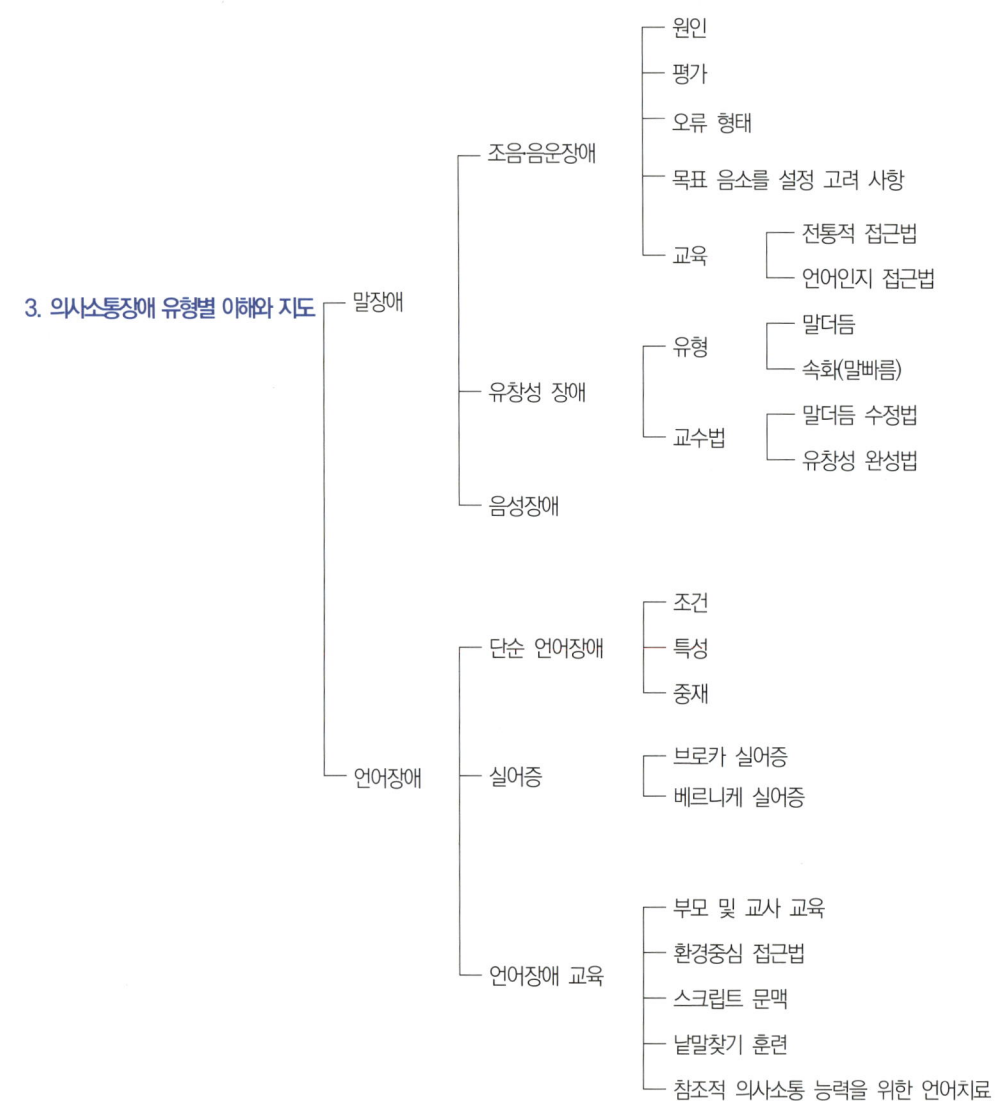

특수교육학 키워드를 효율적으로 인출하여 약점 극복하기

4. 언어발달검사
- 표준화 검사
  - 영유아 언어발달 선별검사
  - 그림 어휘력 검사
  - 언어이해인지력 검사
  - 언어문제해결력 검사
  - 취학 전 아동의 수용언어 및 표현언어 검사
- 자발화 검사
  - 목적
  - 문제점
  - 자발화 표본의 수집
  - 자발화 표본의 전사
  - 의미론적 분석
  - 구문론적 분석
  - 화용론적 분석

02 의사소통장애

KEYWORD LIST

01 의사소통장애의 영역
02 언어적 요소
03 준언어적 요소
04 비언어적 요소
05 초언어적 요소
06 언어의 구조
07 자음분류기준
08 모음분류기준
09 모음의 중앙화
10 조음·음운장애의 원인
11 개별음소 오류평가
12 오류 음운변동 분석과 오류 자질 분석
13 자극반응도
14 말 명료도와 말 용인도
15 평가 시 주의사항
16 조음·음운장애 오류형태
17 전통적 치료기법과 언어인지적 접근법의 차이점
18 짝자극 기법
19 점근법
20 변별자질 접근법
21 음운변동 접근법
22 말더듬 핵심행동
23 부수행동
24 말더듬수정법 특성
25 반리퍼의 MIDVAS 치료 방법
26 유창성장애 교사 교육
27 음성장애를 고려한 교사의 유의점
28 단순언어장애 조건
29 사회적 의사소통 장애 정의
30 음운인식 정의
31 음절수준 음운인식 훈련
32 음소수준 음운인식 훈련
33 상위언어인식 훈련
34 수용언어지도
35 표현언어지도
36 브로카와 베르니케 실어증 비교
37 실어증의 언어적 특성
38 아동지향어
39 명시적 오류수정
40 상위언어적 교정
41 고쳐말하기
42 명료화 요구하기
43 이끌어내기
44 반복하기
45 기타 언어자극 전략
46 EMT와 MT의 차이점
47 모델링과 요구-모델링
48 시간지연
49 우연교수
50 스크립트 문맥
51 낱말찾기 훈련
52 자발화 분석의 목적
53 전사 시 유의점
54 의미론적 분석
55 구문론적 분석
56 화용론적 분석

01 의사소통 장애의 영역

말장애	조음음운장애	조음장애	조음기관의 결함과 같은 기질적인 원인으로 인해 특정음에서 일관된 오류를 보이는 문제가 나타남
		음운장애	음운지식 부족과 같은 기능적인 원인으로 인해 복합음에서 일관되지 않은 오류를 보이는 문제가 나타남
	유창성 장애	말더듬	음, 음절, 단어 등이 의도하지 않은 막힘, 반복, 연장 등의 방해로 인하여 흐름이 수시로 깨어지는 것
		말빠름증	말 속도가 너무 빨라서 유창성이 깨어지는 것
	음성장애	기능적 음성장애	기질이나 신경학적 원인을 가지고 있지 않음에도 불구하고 발성기관의 남용이나 오용 등으로 인해 발생하는 음성장애
		기질적 음성장애	음성에 영향을 주는 후두의 기질적 질병으로 인해 발생하는 음성장애
언어장애	언어발달장애		언어의 의미, 구문, 화용영역에서 발달지체를 보이며, 정도에 따라 언어이해 및 언어표현 모두에서 어려움을 보임
	단순언어장애		감각적, 신경학적, 정서적, 인지적 장애를 전혀 가지고 있지 않고 언어발달에만 문제를 보임
	실어증		신경계 손상으로 인하여 말하기, 듣기, 쓰기, 읽기의 모든 언어능력에 손상을 입은 후천적 장애

02 언어적 요소

의사소통에 필요한 말(발성기관의 움직임)과 언어(음성이나 문자를 통한 표현)

03 준언어적 요소

억양, 강세, 속도, 일시적인 침묵 등과 같이 말에 첨가하여 메시지를 전달하는 것

04 비언어적 요소

몸짓, 자세, 표정 등과 같이 말이나 언어에 의존하지 않고 메시지를 전달하는 것

05 초언어적 요소

언어 자체를 사고의 대상으로 하여 언어의 구조나 특징을 인식하는 능력

06 언어의 구조

음운론	말소리 및 말소리의 조합을 규정하는 말소리의 체계와 기능과 관련된 영역
형태론	한 언어에서 형태소들이 결합하여 낱말을 형성하는 체계 또는 규칙과 관련된 영역
구문론	낱말의 배열에 의하여 구, 절, 문장을 형성하는 체계 또는 규칙과 관련된 영역
의미론	단어 및 단어의 조합을 규정하는 규칙으로 말의 이해 및 해석과 관련된 영역
화용론	전체 담화 맥락을 잘 파악하고, 상대방과 성공적인 대화를 이끌고 유지하기 위해 자신의 의사소통 의도를 효과적으로 전달하고 이것을 파트너 지향적인 형태로 바꿀 수 있는 능력과 관련된 영역이다. 화용론적 발달을 위해서 필요한 기술은 순서 교대, 주제 유지, 피드백, 자기 수정, 함축, 결속표지, 전제 등이 있다.

07 자음분류기준

방법 \ 위치	양순음	치조음	경구개음	연구개음	성문음
파열음	ㅂ,ㅃ,ㅍ	ㄷ,ㄸ,ㅌ		ㄱ,ㄲ,ㅋ	
마찰음		ㅅ,ㅆ			ㅎ
파찰음			ㅈ,ㅉ,ㅊ		
비음	ㅁ	ㄴ		ㅇ	
유음		ㄹ			

08 모음분류기준

혀위치와 입모양	전설모음		중설모음		후설모음	
혀높이	평순	원순	평순	원순	평순	원순
고모음	ㅣ	ㅟ			ㅡ	ㅜ
중모음	ㅔ	ㅚ	ㅓ			ㅗ
저모음	ㅐ		ㅏ			

09 모음의 중앙화

청각장애 학생은 건청인보다 모음공간이 더 좁게 나타나 모음을 발음할 때 모음이 정확한 목표 위치에 도달하지 못하고 중앙화되는 경우가 발생한다. 대표적으로 [i]를 발음할 때 [a]에 가깝게 발음하는 경우가 있다.

10	조음·음운 장애의 원인	조음장애의 원인에는 신체적으로나 생리적으로 결함이 있는 기질적 요인으로 구개파열, 혀의 구조적 이상, 청력의 이상, 중추·말초신경계의 이상 등이 있으며, 음운장애의 원인으로는 음운지식이나 능력 부족과 같은 기능적 요인으로 지능, 청각적 변별 능력, 입 근육의 운동능력, 잘못된 습관, 문화적 영향 등이 있다.
11	개별음소 오류평가	43개의 음소와 10개의 단모음 중 바르게 조음된 음소, 단모음의 수의 비율을 구하여 자음정확도와 모음정확도를 파악한다.
12	오류 음운변동 분석과 오류 자질 분석	오류 음운변동 분석은 오류의 패턴을 찾도록 하고 오류 자질 분석은 오류를 보이는 음소들을 조음위치, 조음방법, 발성유형 등에 따라 구별하여 오류 음소의 공통된 자질을 찾는 방법이다. 두 평가는 독립적으로 이루어질 수도 있고 함께 이루어질 수도 있다.
13	자극반응도	특정음소에 대하여 청각적, 시각적 또는 촉각적인 단서나 자극을 주었을 때 어느 정도로 목표음소와 유사하게 조음할 수 있는가를 의미한다.
14	말 명료도와 말 용인도	말 명료도는 화자의 의도를 표현한 것에서 청자가 이해한 정도를 의미하며, 말소리의 정확도가 크게 영향을 미친다. 말 용인도는 화자의 말에 대한 호감의 정도를 의미하며, 분절적 요소뿐 아니라 초분절적 요소도 크게 영향을 준다.

15	평가 시 주의사항	검사 전 아동의 구조적 결함, 인지기능 결함, 사회문화적 배경요인 등을 파악하고, 검사의 형태는 표준화된 검사, 비표준화된 검사를 모두 실시할 수 있다. 실제 조음·음운능력을 평가하고자 할 때는 발화를 유도할 수 있는 놀이상황이나 이야기 나누기 활동 등을 활용하면 효과적이며, 아동이 시험 보는 느낌을 갖지 않도록 주의해야 한다. 맞고 틀림에 아동이 민감하게 반응할 수 있으므로 표기할 때는 'O, X'로 표기하지 않으며, 평가 시에는 중립적인 반응을 한다.
16	조음·음운 장애 오류형태	<table><tr><td>대치</td><td>목표음이 다른 음으로 바뀜 유형 : 조음위치, 조음방법, 동화, 긴장도와 기식도에 다른 변동</td></tr><tr><td>생략</td><td>단어에서 음소나 음절이 빠짐</td></tr><tr><td>왜곡</td><td>표준음이 비표준음으로 바뀜</td></tr><tr><td>첨가</td><td>필요 없는 음이 삽입됨</td></tr></table>
17	전통적 치료기법과 언어인지적 접근법의 차이점	전통적 치료기법은 단일 음소에서 나타난 오류에 독립적으로 접근하였다면, 언어인지적 접근법은 언어적·인지적 요소에 관심을 갖고 오류 패턴을 찾아서 교정에 주목한다. 이는 언어학적인 공통적 성분요소를 다루기 때문에 유사한 음운과정의 영향을 받는 다른 분절음으로의 전이가 매우 용이하다.
18	짝자극 기법	핵심단어(10번 중 9번 정조음하는 단어)와 훈련단어(3번 중 2번 오조음하는 단어)의 낱말짝으로 조음치료를 하는 방법이다. 핵심단어가 없을 경우 일차적으로 핵심단어를 만들어야 한다.
19	점근법	아동이 목표 음소를 정확하게 발음하기 어려운 경우, 목표 음소와 유사한 중간단계의 발음에 대해서 강화해 줌으로써 점진적으로 목표 음소를 조음하도록 하는 것이다. 이 방법의 단점은 아동이 중간단계의 발음에 머물러 버림으로써 또 다른 오류 음소를 학습시키는 결과를 초래할 수 있다.

| 20 | 변별자질 접근법 | 아동이 보이는 오류 패턴에 특정적 자질의 유무를 분석하며, 최소낱말짝과 같이 자질이 대조되는 음소를 낱말 수준에서 대비시켜 치료한다. |

변별자질 접근법 4단계	
확인	아동이 치료에 사용될 어휘의 개념을 아는지 알아봄
변별	아동이 변별자질을 지각할 수 있는지 알아보기 위해 교사는 아동에게 최소대립쌍을 제시하고 아동이 해당 그림 또는 단어를 선택함
훈련	아동이 최소 대조를 인식하고 단어를 발음하면 교사는 해당 그림 또는 단어를 선택함
전이-훈련	아동이 표적단어를 발음할 수 있게 되면 길고 복잡한 문장에서 훈련함

| 21 | 음운변동 접근법 | 특정 음소 정확도로 찾아내기 어려운 아동의 조음 패턴을 찾아 원인을 파악하고 비정상적인 음운변동을 제거함으로써 여러 개의 오류음을 동시에 수정하는 방법이다. |

22	말더듬 핵심행동 (1차적 행동)		
	반복	- 말소리나 음절 또는 낱말을 1회 이상 되풀이함	
	연장	- 소리, 공기의 흐름은 계속되나 한소리에 머무름 - 마찰음에서 자주 발생	
	막힘	- 말의 흐름이 부적절하게 중단되고 조음기관의 움직임이 고착됨 - 폐쇄음, 파찰음에서 자주 발생	

23	부수행동 (2차적 행동)	탈출행동	회피행동
		말을 더듬는 도중에 말더듬에서 벗어나려고 취하는 행동	말을 더듬을 가능성이 있는 '상황'을 피하려고 하는 행동
		- 발 구르기 - 갑자기 고개를 뒤로 젖히기 - 눈 깜빡이기 - 아래 턱 떨기	- 동의어로 바꿔 말하기 - 돌려 말하기 - 순서 바꾸어 말하기 - 대용어 사용하기 - 간투사 사용하기 - 상황회피 - 사람회피

24	말더듬수정법 특성	말더듬을 피하려 애쓰고, 두려운 단어나 상황을 피하려 하는 데서 말더듬이 비롯된다고 보고 더 쉽고 편하게 말을 더듬는 방법을 배워 심리적 압박을 제거함으로써 2차적 증상인 탈출행동이나 회피행동을 감소시키는 데에 목적이 있다. '보다 유창하게 더듬기 방법'이라고 하며, 말더듬을 받아들이는 것에 중점을 둔다.
25	반리퍼의 MIDVAS 치료 방법	동기(M)-확인(I)-둔감(D)-변형(V)-접근(A)-안정(S) 단계로 실시한다. **접근(A) 단계의 주요 기법** **취소기법**: 말을 더듬게 되면 잠시 멈추고 이완 후 처음부터 다시 시도한다. **이끌어내기**: 말을 더듬는 순간에 잠깐 멈춘 상태에서 마지막을 부드럽고 느린 발화로 완성한다. **준비하기**: 말더듬이 예상된다면, 그 단어를 말하기 전 준비 자세를 갖춘다.
26	유창성장애 교사 교육	교사는 말을 더듬어도 괜찮다는 허용적 분위기를 조성해주며, 질문할 때는 짧고 간단한 문장으로 한다. 예상치 못한 질문은 말더듬 빈도를 높일 수 있으므로 피하는 것이 좋고, 다른 아동에게 먼저 질문하여 아동이 준비할 수 있는 시간을 준다. 듣기 답답하더라도 대신 나머지 말을 하지 않으며, 놀림을 당하지 않도록 반 아이들 대상으로 사전교육을 실시한다.
27	음성장애를 고려한 교사의 유의점	성대 남용 및 오용과 같은 부정적인 영향을 주는 성대행동의 사용빈도를 점차 감소시켜야 하며, 성대 위생교육을 통해 정상적인 음성유지법, 효율적인 음성 사용법, 성대 남용 습관 제거법을 설명해준다. 학급 안팎의 소음을 줄이고, 학생에게 좋은 음성을 모델링 해준다. 생수를 자주 마실 수 있도록 하며, 체육시간에 응원을 할 때는 음성 대신 손뼉이나 도구를 사용하도록 한다.

28	단순언어장애 조건	언어능력이 정상보다 지체되어야 하며, 지능이 정상범주에 속하여야 한다. 청력에 이상이 없어야 하며, 간질이나 뇌성마비 같은 신경학적 이상이 없어야 한다. 말 산출과 관련된 구강구조나 기능에 이상이 없어야 하며, 사회적 상호작용 능력에 심각한 이상이나 장애가 없어야 한다.
29	사회적 의사소통 장애 정의	화용 또는 언어 및 의사소통의 사회적인 사용에 어려움을 보이는 것이 핵심적인 문제로 단순언어장애와 차이가 있다.
30	음운인식 정의	음운인식은 말소리를 식별하는 능력을 의미한다.
31	음절수준 음운인식 훈련	음운인식 훈련 5단계: 소리수준 - 문장수준 - 단어수준 - 음절수준 - 음소수준 - 음절 수 세기 - 같은 음절로 시작하는 단어 찾기(두운인식) - 같은 음절로 끝나는 단어 찾기(각운인식) - 음절 두 개 합치기 - 음절 하나 빼기 - 다른 음절로 바꾸기
32	음소수준 음운인식 훈련	음운인식 훈련 5단계: 소리수준 - 문장수준 - 단어수준 - 음절수준 - 음소수준 - 음절 속 음소 수 세기 - 같은 음소로 시작하는 단어 찾기 - 같은 음소로 끝나는 단어 찾기 - 음소 두 개 합치기 - 음소 하나 빼기 - 다른 음소로 바꾸기

33 상위언어인식 훈련

상위 언어 인식이란 언어를 대상으로 하는 사고능력으로 언어의 어떤 부분을 사고대상으로 하느냐에 따라 5가지로 분류할 수 있다.

음운자각	단어를 음소로 나누고, 음소를 다시 단어로 합성
단어자각	단어가 가진 물리적 속성과 추상적 속성을 이해
구문자각	문장이 문법적으로 맞는지 판단
의미자각	의미가 맞지 않는 문장의 오류를 판단
화용자각	발화가 상황에 적절한지 점검

34 수용언어지도

목표단어는 문맥상에서 가르치고, 학습할 단어는 미리 말해준다.
아동이 목표어휘를 정확히 이해했는지 못했는지는 아동의 반응으로 파악한다.

35 표현언어지도

반복 재생하기	교사가 하나의 문장을 계속 모델링해 주다가, 어느 순간 마지막 단어를 말하지 않고 아동이 말하도록 기다리는 방법
FA 질문법	두 개의 단어 중 하나를 선택할 수 있는 질문을 던지는 방법
Wh-질문법	누가(who), 어디(where), 무엇을(what), 언제(when), 왜(why)에 대해 질문하는 방법

36 브로카와 베르니케 실어증 비교

브로카 실어증은 전두엽 영역의 손상이 있으며, 전보식 문장과 같이 발화가 짧고 문법형태소와 같은 기능어를 생략하거나 과소 사용하는 실문법증이 나타난다.
베르니케 실어증은 측두엽 영역의 손상이 있으며 문장 내 단어배열이 제대로 되지 않는 탈문법증이 나타난다.

37 실어증의 언어적 특성

신조어	새롭게 단어를 만듦
음소착어증	목표단어 대신 비슷하게 들리는 단어를 말함
의미착어증	목표단어 대신 의미적으로 유사한 단어를 산출
자곤	명료하지 못한 태도로 무의미한 말을 웅얼거림

38 아동지향어

엄마말투 가설이라고도 하며, 성인이 어린 유아와 대화를 할 때 무의식적으로 조정되는 언어를 말한다.

특징으로 음운적으로는 음도가 높고 변화가 크며,

의미적으로는 제한된 단어를 사용하고 쉬운 단어로 이야기한다.

구문적으로는 짧고 단문식 발화를 하지만, 비문법적 문장은 사용하지 않는다.

교사를 통한 언어중재	교사의 발화 전략	발화 유도 전략	
		발화 후 언어자극 전략	교정적 피드백 (**39 ~ 44**)
			기타 언어자극 전략 (**45**)

39 명시적 오류수정

발화에 오류가 있음을 명확하게 알려주고, 올바른 발화를 직접 제시해주는 형태이다.

40 상위언어적 교정

오류에 대해 명확하게 수정하는 대신에, 오류에 대한 힌트를 주거나 정확한 형태에 대한 정보나 질문을 제공하는 형태이다.

41 고쳐말하기

오류를 명시적으로 지적하지 않고 교정한 상태로 말해주는 형태이다.

42	명료화 요구하기	중립적인 언어를 사용하거나 '무엇을 주라고' 등 특정적인 어휘를 요구하여 아동에게 발화를 다시 한 번 반복하거나 수정할 것을 요구하는 형태이다.
43	이끌어내기	언급한 것을 완성하게 하거나 올바른 언어형태를 이끌어내기 위해 질문을 하여 학생 스스로가 정확한 형태를 발화하도록 유도하는 피드백이다.
44	반복하기	억양을 다르게 하여 학생의 잘못된 발화 부분을 반복하여 말해주는 형태이다.

45	기타 언어자극 전략		
		확장	아동의 발화를 문법적으로 완전한 문장으로 바꾸어 말해줌
		확대	단어의 의미를 보완해줌
		문장의 재구성	문장 자체를 바꾸어 교정해줌

46	EMT와 MT의 차이점	MT가 자연스러운 상황이나 환경 속에서 아동이 언어를 습득하기에는 충분한 의사소통 기회를 제공하지 못한다는 점에서 EMT가 제시되었다. EMT와 MT의 차이점으로는 첫째, 아동의 언어를 촉진하기 위한 물리적인 상황을 제공하여 아동의 활동 참여나 의사소통 대상자와의 참여를 촉진한다. 둘째, 반응적 상호작용 전략을 강조하여 사회적 의사소통 상호작용과 새로운 언어 형태를 모델링하도록 한다.

47	모델링과 요구-모델링	요구-모델링은 모델링과 달리 '뭐 가지고 싶어?', '뭐 줄까?'와 같은 비모방적인 구어 촉진을 통해 아동에게 먼저 반응을 요구한다는 차이가 있다.
48	시간지연	아동을 바라보며 언어적 반응을 기다려 주는 것으로, 아동이 말해야 하는 상황임을 눈치채고 말을 하게 되면, 그에 적절하게 교정 또는 시범을 보인다. 이때 목표행동을 자신의 행동 레퍼토리 안에 가지고 있을 때에 사용하며 초기 의사소통 단계보다는 자발적 언어 사용을 유도할 때 효과적이다.
49	우연교수	우연하게 발생한 상황을 이용하여 언어 훈련을 하는 것으로, 아동이 언어적 또는 비언어적 도움이나 자료를 요구할 때 시작한다. 장점으로 아동 주도적이며, 자연스러운 후속결과에 의해 행동이 강화되고 유지될 수 있다는 점이 있으나, 선행조건으로 언어적 또는 비언어적으로 요구할 수 있는 능력과 목표행동을 모방할 수 있는 능력이 필요하다.
50	스크립트 문맥	특정한 문맥 속에서 진행되는 단계적 사건을 설명하는 것이다. 일상적인 상황 문맥은 아동에게 상황 지식을 제공해주며, 아동은 쉽게 성인의 말을 예견하여 그 상황에서 늘 쓰이는 상황적인 언어를 학습하게 된다. 아동이 스크립트에 익숙해지면 의도적으로 스크립트를 위반하여 아동의 자발적인 언어를 유도한다.

51 낱말찾기 훈련

기억확장활동으로는 의미적 단서가 있으며,
동의어, 반의어, 연상어, 동음이의어, 상위 범주어, 하위 범주어, 기능, 물리적 특성이 있다.
기억인출활동으로는 구문적 단서, 시각적 단서, 음운적 단서가 있다.

구문적 단서	목표낱말이 자주 사용되는 문맥이나 상용구를 활용하는 것
시각적 단서	그림, 사진을 보여주는 것
음운적 단서	첫 음절 말해주기, 음절 수를 손으로 두드리기, 음절 수 손가락으로 알려주기, 첫 글자 써주기

52 자발화 분석의 목적

자발화검사는 비표준화검사로서 아동의 각 언어 영역별 발달수준과 자발적 의사소통 정도를 알 수 있다. 자발화검사를 통해 구체적인 교수목표를 세울 수 있고, 일간/주간 진보 정도를 점검할 때 사용할 수 있다.

53 전사 시 유의점

아동의 발화, 상대자의 말과 행동, 그때의 상황을 모두 기입하며,
문장번호는 오직 아동의 문장에만 붙인다.
불분명한 발음이나 아동 특유의 발음은 국제음성기호를 써서 기록하고 그 옆에 추측하는 단어를 쓴다.
아동이 뭔가 낱말을 말하긴 했지만 알아들을 수 없을 때는
음절 수만큼 'X'를 표시해서 기록하고 문장번호는 붙이지 않는다.

54 의미론적 분석

개별의미유형 분석				
체언부		용언부	수식부	대화요소
행위자　공존자 경험자　수혜자 소유자	대상 실체 인용/창조물	행위 서술	체언수식 용언수식 배경	

어휘 다양도는 아동이 사용한 총 낱말의 수에서 아동이 사용한 다른 낱말의 수의 비율을 산출하여 확인한다.

55 구문론적 분석

구문론적 분석은 언어의 형식적인 측면을 분석하는 것이다.

평균 형태소 길이 (MLU-m)	각 발화의 형태소의 수(m) ÷ 총 발화 수
평균 낱말 길이 (MLU-w)	각 발화의 낱말 수(w) ÷ 총 발화 수
평균 어절 길이 (MLU-C)	각 발화의 어절 수(C) ÷ 총 발화 수
평균 구문 길이 - 형태소 수준 (MSL-m)	2개 이상의 형태소로 된 발화의 형태소 수 ÷ 발화 수
평균 구문 길이 - 낱말 수준 (MSL-w)	2개 이상의 형태소로 된 낱말의 형태소 수 ÷ 발화 수

56 화용론적 분석

언어기능의 다양성을 분석한다. 대표적으로 대화기능을 분석하며 의사소통 의도를 크게 [요구, 반응, 객관적 언급, 주관적 진술, 대화 내용 수식 표현, 대화구성요소, 발전된 표현] 등으로 보고, 그 안에서 관찰될 수 있는 세부적인 기능들로 나눌 수 있다.

CHAPTER 03
시각장애

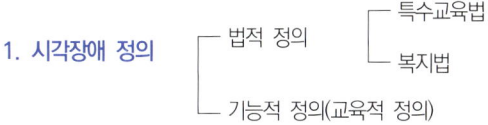

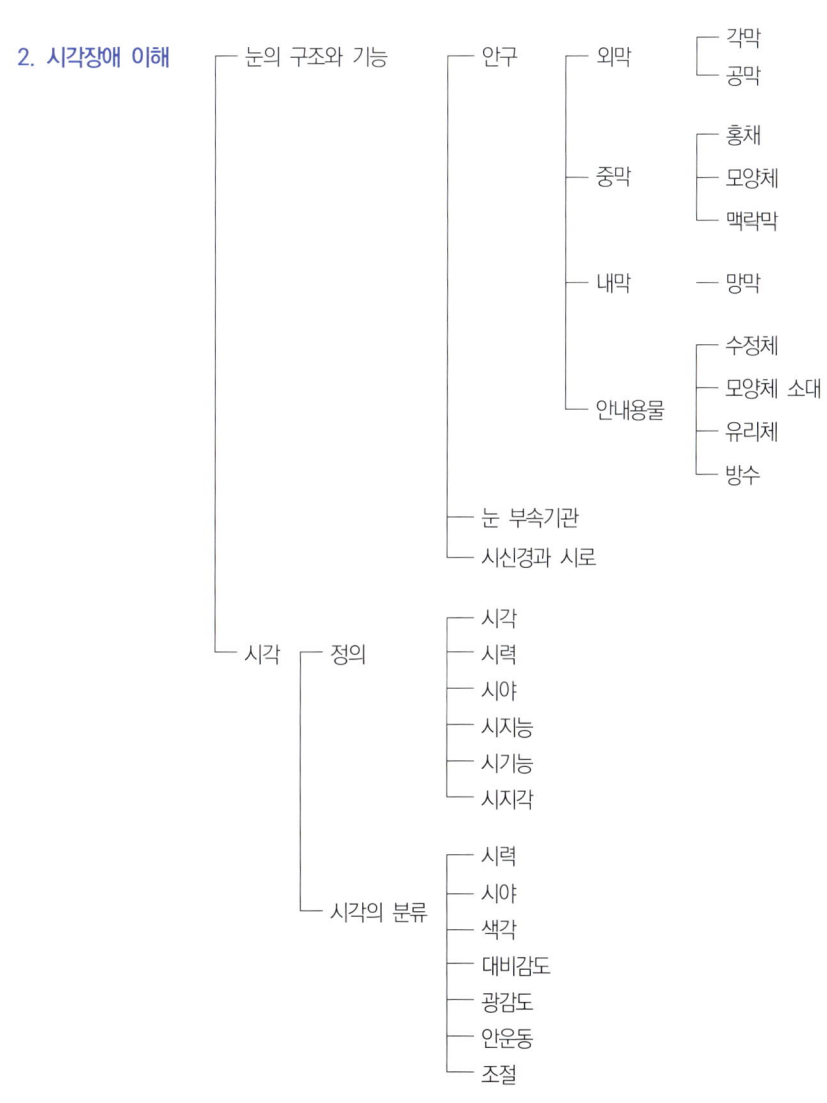

시각장애 구조도

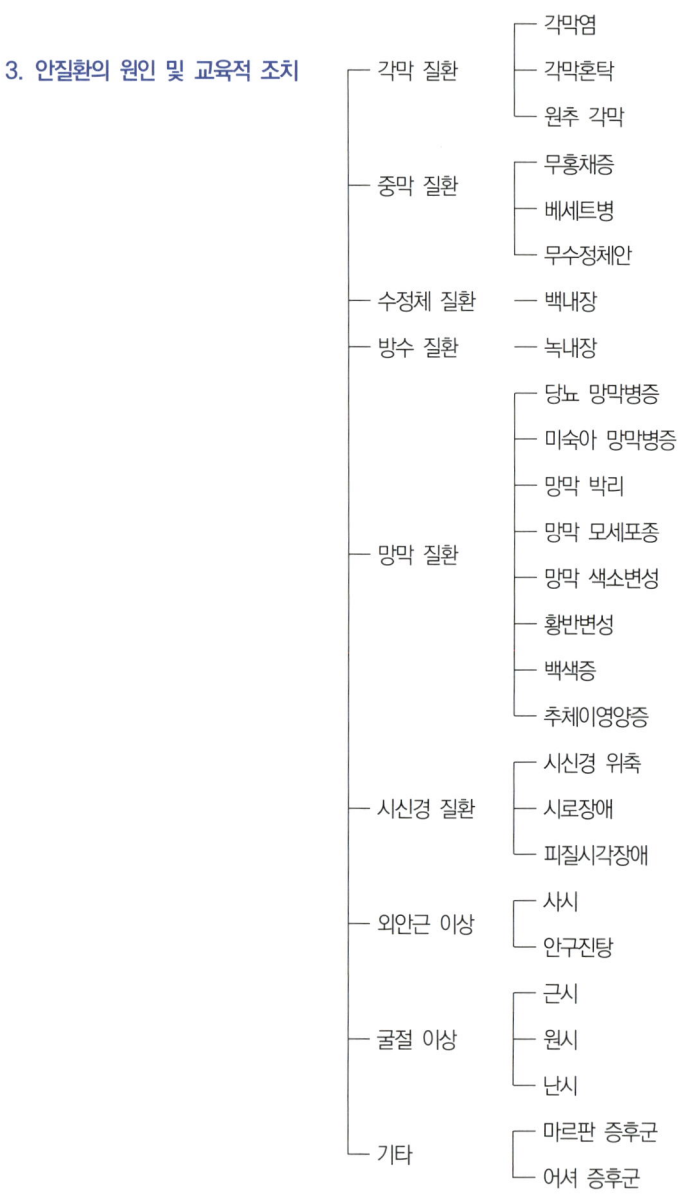

특수교육학 키워드를 효율적으로 인출하여 약점 극복하기

4. 시각장애학생의 진단과 평가
   - 시력 검사
     - 객관적
     - 주관적
       - 원거리
       - 근거리
   - 시야 검사
     - 주변시야
       - 대면법
     - 중심시야
       - 암슬러 격자
       - 탄젠트 스크린
       - 안면 관찰법
       - 시계보기 검사
       - A4 용지 검사
   - 색각 검사
   - 대비감도 검사
   - 학습매체 평가

5. 저시력학생의 이해와 교육
   - CORN
     - 시기능 모형
     - 교육 접근
   - 학습환경 조성
   - 학습 자료의 수정
     - 확대법
       - 상대적 크기 확대법
       - 상대적 거리 확대법
       - 각도 확대법
       - 투사 확대법
     - 묵자
   - 시각 활용 기술
     - 주변시야 상실
     - 중심시야 상실

6. 문해 교육
   - 점자 지도
   - 묵자 지도
   - 듣기 지도

시각장애 구조도

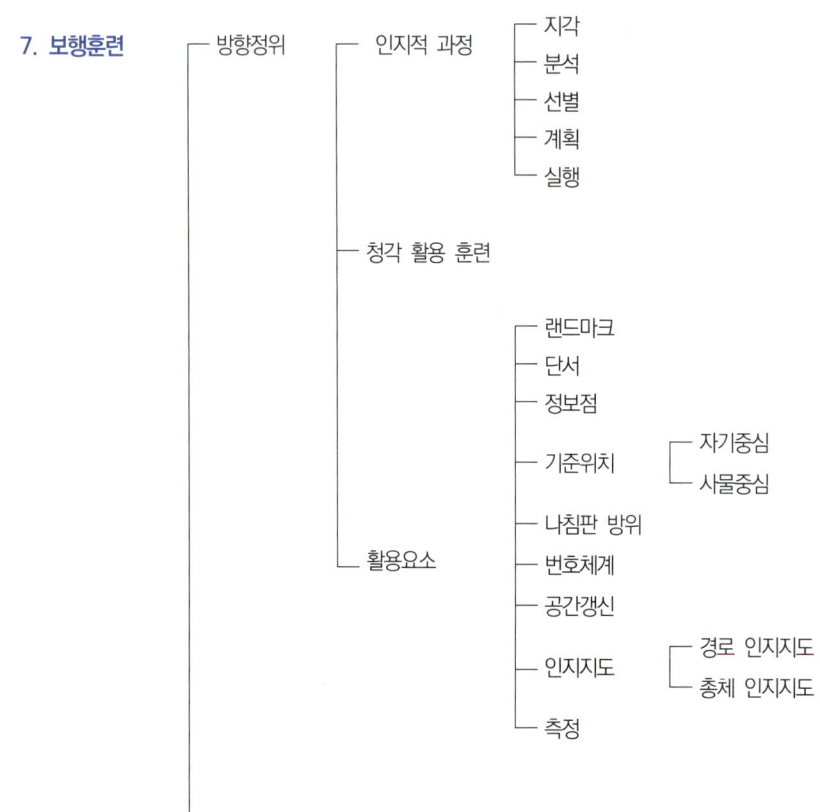

특수교육학 키워드를 효율적으로 인출하여 약점 극복하기

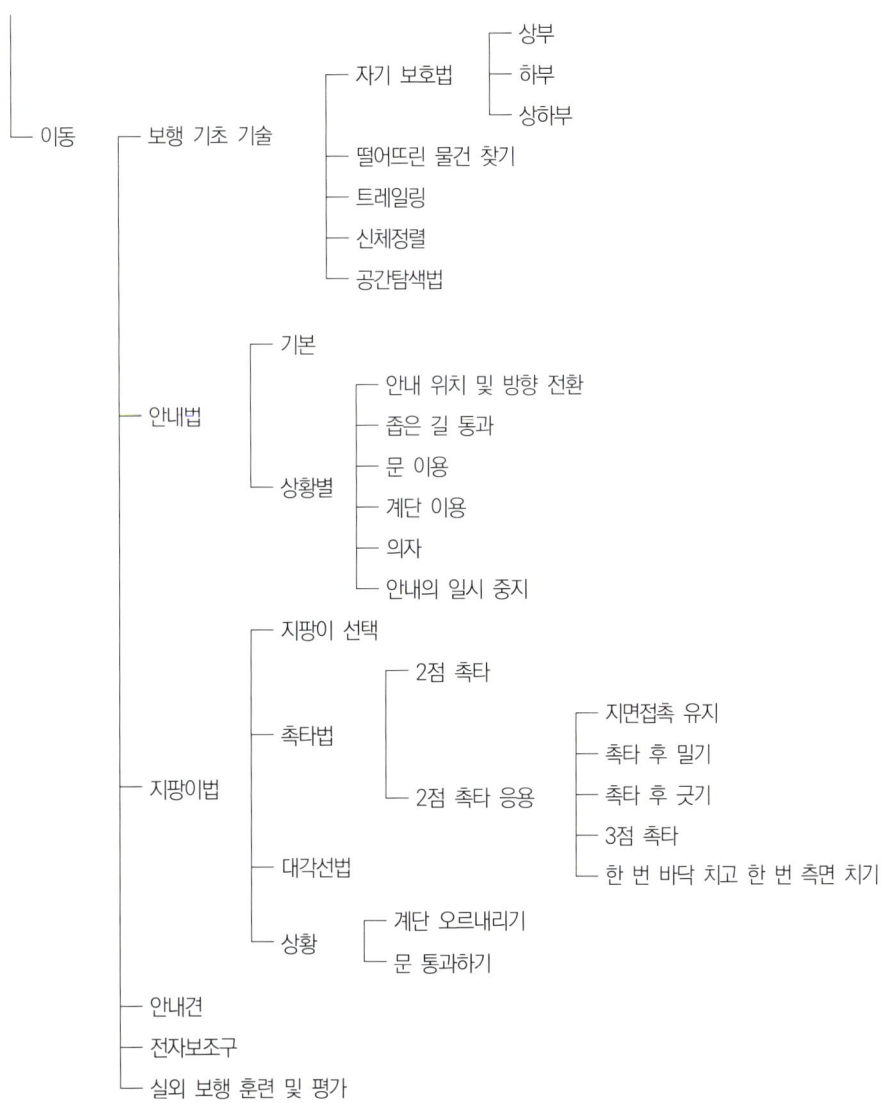

시각장애 구조도

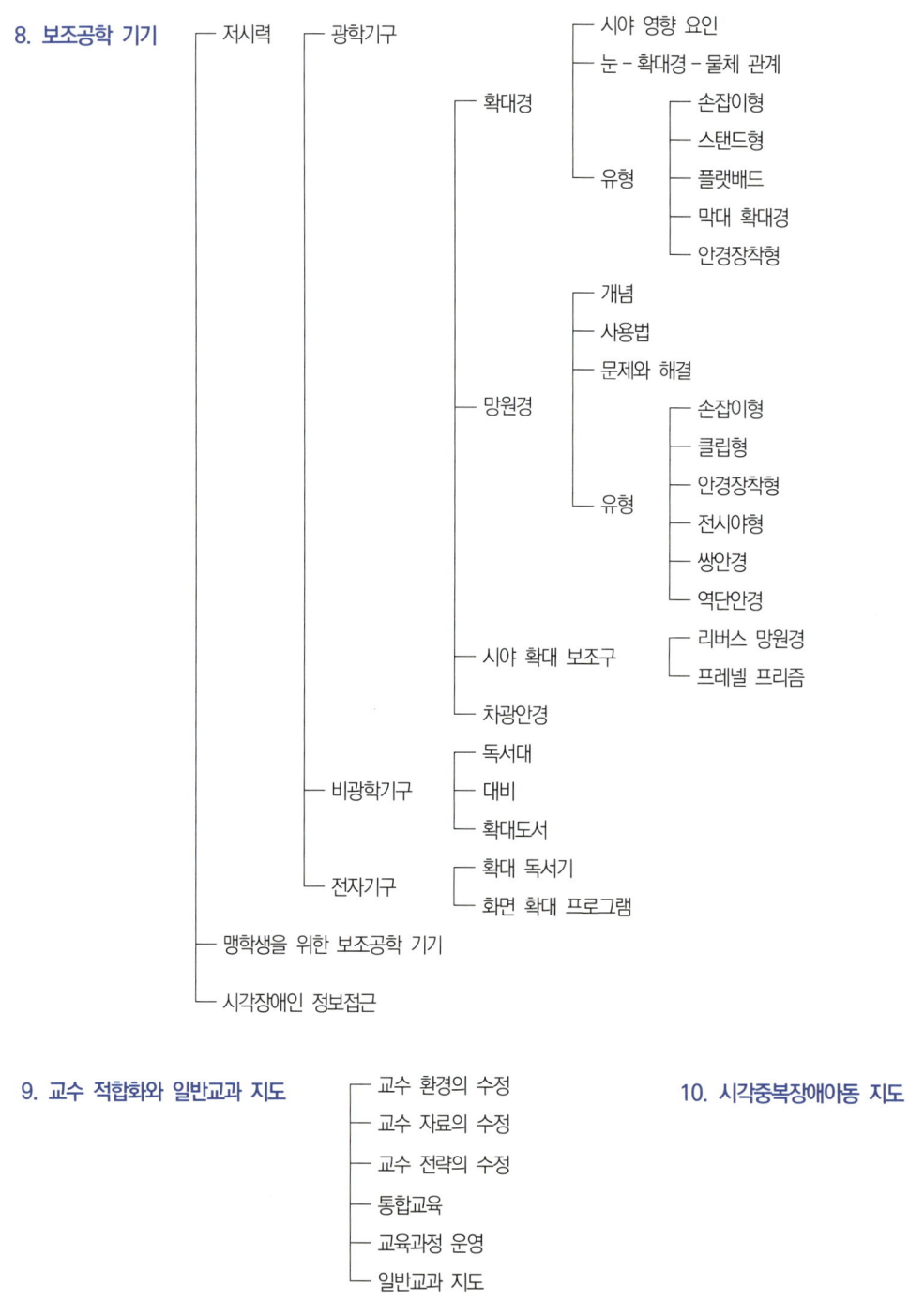

03 시각장애

KEYWORD LIST

- 01 눈의 조절능력
- 02 시세포
- 03 렌즈의 굴절
- 04 눈부심이 있는 안질환
- 05 선천성 백내장
- 06 선천성 녹내장
- 07 당뇨 망막병증
- 08 망막색소변성증
- 09 황반변성
- 10 미숙아 망막병증
- 11 반맹 교육적 조치
- 12 안구진탕
- 13 원거리 시력검사의 목적
- 14 원거리 시력검사의 활용
- 15 망원경 배율 공식
- 16 근거리 시력검사의 목적
- 17 근거리 시력검사의 활용
- 18 암슬러 격자법
- 19 점자 주 매체 사용자
- 20 이중매체 사용자
- 21 확대법 4가지
- 22 중심 외 보기
- 23 잔존시야 활용 기술
- 24 인지적 과정
- 25 청각활용훈련
- 26 방향정위 활용요소
- 27 자기보호법
- 28 핸드 트레일링
- 29 신체정렬
- 30 친숙화 과정
- 31 안내법 기본자세
- 32 2촉 촉타
- 33 지면접촉유지
- 34 촉타 후 밀기
- 35 촉타 후 긋기
- 36 대각선법
- 37 기준선 보행
- 38 안내견 보행의 목적
- 39 확대경 유형
- 40 시야와 초점거리
- 41 시야 확대 보조구
- 42 확대독서기 기능
- 43 OCR
- 44 점자정보 단말기
- 45 점자정보 단말기의 기능
- 46 데이지 형식
- 47 촉각자료 제작 시 유의점
- 48 청각자료 제작 시 유의점
- 49 확대핵심 교육과정
- 50 촉각 상징 의사소통 유형
- 51 촉각적 모델링 vs 신체적 안내법
- 52 손 위 손 안내법
- 53 손 아래 손 안내법

01	눈의 조절능력	홍채는 눈으로 들어오는 빛의 양을 조절한다. 어두운 곳에서는 수축하여 동공을 크게, 밝은 곳에서는 이완하여 동공을 작게 만들어 빛과 어둠에 적응한다. 모양체는 대상물의 원근에 따라 수정체의 두께를 조절한다.
02	시세포	시세포는 중심부에 많이 위치한 추체세포와 주변부에 많이 위치한 간체세포로 나눌 수 있다. 추체세포는 밝은 빛에 반응하며 색각, 물체를 선명하게 보는 것과 같은 섬세한 시각 활동에 관여한다. 간체세포는 어두운 빛에 반응하며 흑백으로 인식, 물체 간 상호관계 파악, 공간 지각 등에 관여한다.

03	렌즈의 굴절	렌즈 굴절력의 단위는 디옵터(D)로 표시하며, 원시용으로 사용하는 볼록렌즈는 +로 표현하고 근시용으로 사용하는 오목렌즈는 −로 표현한다.

디옵터(D) 구하는 공식	$디옵터(D) = \dfrac{100cm}{초점거리(cm)}$

04	눈부심이 있는 안질환	무홍채증, 백색증, 추체이영양증의 대표적인 특징은 눈부심이다. 눈부심이 있는 안질환 학생에게는 실외, 실내, 교육자료에 따른 지원이 필요하다.

실외	햇빛을 줄이기 위한 챙 있는 모자, 선글라스 착용
실내	착색 렌즈 착용, 블라인드 설치, 형광등 및 창을 등진 앞자리 배치
교육자료	눈부심을 줄일 수 있는 담황색 종이 사용 대비를 높일 수 있는 타이포스코프 사용

05	선천성 백내장	수정체 혼탁으로 인해 흐릿하고 뿌옇게 보이는 질환으로, 중심부에 혼탁이 있는 경우 낮은 조명을 선호하고 중심 외 보기가 필요할 수 있다. 주변부에 혼탁이 있는 경우 높은 조명을 선호하지만 눈부심을 느낄 수 있기 때문에 주의가 필요하다.

06	선천성 녹내장	방수가 안구 밖으로 배출되지 않아 안압의 상승으로 인해 시신경이 눌려 손상이 일어나는 질환으로, 중심부까지 손상이 진행되면 시야장애 및 시력 감소를 동반한다. 안압 상승을 방지하기 위해 정해진 시간에 안약을 투약하는지 확인하고, 안압을 높이는 운동을 금지하며, 교육자료의 대비를 높이고, 눈부심에 유의한다.

07	당뇨 망막병증	당뇨로 망막까지 손상을 입은 질환이다. 기본적으로 혈당 조절이 필요하며, 진행성 질환으로 인한 지속적인 시야 손상과 시력 저하를 고려하여 정기적인 시각 평가와 학습매체 평가가 필요하다. 손의 촉각 둔감화로 점자를 읽기 어렵기 때문에 청각 활용 보조기기를 활용하여 학습하도록 한다.
08	망막색소 변성증	망막의 손상으로 시야장애가 발생하는 진행성 질환으로, 주변부 시야 손상의 경우 터널시야가 나타나며, 효율적인 잔존시각 활용을 위해 시기능 훈련이 필요하다. 중심부까지 손상이 나타나면 확대자료를 사용하되, 잔존 시야를 고려하여 크기를 결정한다. 실명 전 점자 지도와 보행교육을 실시하는 것이 필요하다.
09	황반변성	중심부 암점으로 인한 중심시야 손상 및 시력 저하가 나타나는 질환이다. 암점의 위치와 크기를 확인하여 주변 시력으로 보는 중심 외 보기를 지도하며, 암점의 영향을 감소시키기 위해 확대 자료 등을 사용한다. 색 지각과 대비감도 저하를 고려하여 고대비 자료 제공, 대비 조절 기능이 있는 확대독서기를 사용하도록 한다.
10	미숙아 망막병증	출생 시 망막이 완전히 형성되지 않은 미숙아에게 발생하며, 망막 박리의 위험이 있다. 현재 시력이 유지되도록 정기적인 검진을 통한 치료와 관리가 필요하며 망막 박리가 일어나지 않게 과격한 신체 활동은 자제한다.

11	반맹 교육적 조치	– 중심부 암점이 있는 경우 중심 외 보기 기술을 지도하며, 중심 외 보기 방향을 고려하여 자리를 배치한다. – 터널시야의 경우 고개를 좌우도 돌려 확인하는 시각 기술을 지도하며, 교실 중앙부에 자리를 배치한다. – 우측 시야 손상의 경우 책을 읽을 때 문장 끝에 수직라인을 그어주고, 자리배치는 우측, 교재교구는 좌측에 배치한다. – 좌측 시야 손상의 경우 책을 읽을 때 각 줄의 처음을 손으로 짚거나 라인가이드를 활용하고, 자리배치는 좌측, 교재교구는 우측에 배치한다. – 하측 시야 손상의 경우 아래쪽 물체를 확인하기 어렵고, 교재교구가 상단에 위치하도록 책상 높이를 올린다. – 상측 시야 손상의 경우 위쪽 물체를 확인하기 어렵고, 교재교구가 하단에 위치하도록 책상 높이를 낮춘다.
12	안구진탕	의지와 상관없이 안구가 무의식적이고 빠르게 반복적으로 움직이는 것이며, 고시 능력에 어려움이 있고 읽던 줄을 놓치는 문제가 나타난다. 이를 위해 읽던 줄을 놓치면 타이포스코프나 라인가이드를 사용하고, 불수의적 움직임으로 인한 어지러움에 대비하여 주기적인 휴식을 허용한다. 스트레스 조절이 필요하며, 정지점 훈련을 통해 안진이 줄어드는 응시 방향과 자료의 적정거리를 찾는다.
13	원거리 시력검사의 목적	① 원거리에서 볼 수 있는 글자 크기를 확인할 수 있다. ② 망원경 지원 여부 결정과 적합한 배율을 추천할 수 있다. ③ 원거리용 확대독서기 지원 여부를 결정할 수 있다.

| 14 | 원거리 시력검사의 활용 | 원거리 시력검사는 3단계로 이루어진다. |

1단계	- 현재 원거리 시력을 측정한다. - 시력이 좋지 않아 0.1 시표도 읽지 못하는 경우에는 가까이 다가가게 하여 보게 한 뒤 [0.1 시표를 읽은 거리/기준거리×0.1] 공식을 사용하여 원거리 시력을 구한다. - 1m에서도 0.1시표를 읽지 못하는 경우에는 지수, 수동, 광각, NLP와 같은 방법을 활용한다.
2단계	- 적합한 망원경 배율을 추천한다.
3단계	- 망원경 사용 후 원거리 시력을 재측정한다.

1m에서도 0.1시표를 읽지 못하는 경우

지수(FC)	손가락 수를 알아맞히는 거리 측정
수동(HM)	얼굴 앞에서 손의 움직임을 인지할 수 있는 거리 측정
광각(LP)	빛의 유무를 인식하는 거리 측정 빛이 있는지 인식하면 광각 또는 L.P.로 표기, 빛의 근원까지 찾아내면 광 투시로 표기
무광각(NLP)	빛을 느끼지 못하는 상태, 맹

| 15 | 망원경 배율 공식 | 현재 원거리 시력이 0.3 이하인 경우에 망원경과 원거리 확대독서기를 사용하도록 하며, 넓은 시야와 편안한 사용을 고려하여 좋은 눈을 기준으로 망원경 배율을 결정한다.
망원경 배율을 구하는 공식은 [목표 원거리 시력 ÷ 현재 원거리 시력]이다. |

| 16 | 근거리 시력검사의 목적 | ① 독서 거리에서 볼 수 있는 글자크기를 확인한다.
② 확대경 지원 여부 결정과 적합한 배율을 추천한다.
③ 근거리용 확대독서기의 지원 여부를 결정한다. |

17	근거리 시력검사의 활용	근거리 시력검사는 3단계로 이루어진다.
		<table><tr><td>1단계</td><td>- 현재 근거리 시력을 측정한다. - 나안과 확대경 사용 시력을 모두 측정한다. - 기록은 M시스템을 이용하며 1.0M은 8포인트 글자 크기다.</td></tr><tr><td>2단계</td><td>- 적합한 확대경 배율을 계산하고 추천한다. - 디옵터(D)는 확대경 배율에 사용하는 단위다. - 디옵터(D)를 구하는 공식은 [$\frac{현재 읽을 수 있는 글자 크기}{목표 글자 크기} \times \frac{100cm}{검사 거리}$]이다.</td></tr><tr><td>3단계</td><td>- 확대경 사용 후 근거리 시력을 재측정한다. - 디옵터(D)에 따라 학습 자료와 렌즈 간의 초점거리가 달라지므로 초점거리 공식[$\frac{100cm}{디옵터(D)}$]을 이용하여 구하도록 한다.</td></tr></table>
18	암슬러 격자법	시야 20도 이내 황반부 부위의 암점을 검사하는 데 유용하며, 황반변성 환자가 암슬러 격자를 관찰할 경우 줄무늬가 휘어져 보이거나 군데군데 흐려져 보이는 현상이 나타난다. 이를 통해 암점의 크기나 위치를 대략 파악하여 적절한 중심 외 보기 방향을 확인할 수 있다.
19	점자 주 매체 사용자	전맹, 빛 지각, 형태 지각 수준의 시력만 남아 있어 확대 글자조차 읽기 어렵거나, 확대 글자를 읽더라도 읽기 속도가 현저히 느려 점자로 학습하는 것이 오히려 효율적인 학생들이다.
20	이중매체 사용자	확대 글자를 사용하여 읽을 수 있으나 읽기 속도가 현저하게 느리거나, 안피로가 심해 오랜 시간 읽기 어려워서 점자를 주 매체로 사용하면서 간헐적으로 확대 글자를 함께 사용하는 학생들이다.

21	확대법 4가지	상대적 거리 확대법	물체와 눈과의 거리를 가깝게 함
		상대적 크기 확대법	물체의 실물 크기를 확대함
		각도 확대법	여러 종류의 렌즈를 사용하여 확대함
		투사 확대법	스크린에 투영함

22 중심 외 보기

시야 중심에 암점이 있으면 비교적 조금 떨어진 양호한 시야 부위를 찾아내어 중심 외 보기 기술을 사용한다.

23	잔존시야 활용 기술	고시	- 한 지점을 눈으로 계속 응시하는 기술
		추시	- 움직이지 않는 목표물을 눈으로 따라가며 목표물 전체를 보는 기술 - 근거리 : 책 읽기 / 원거리 : 표지판 읽기
		추적	- 움직이는 목표물을 눈으로 따라가며 보는 기술 - 근거리 : 마우스 커서 따라가기 / 원거리 : 움직이는 사람, 버스 따라가기
		주사	- 특정 공간을 체계적으로 눈을 움직이며 빠뜨리지 않고 훑어보는 기술 - 근거리 : 글에서 단어 찾기 / 원거리 : 지역에서 특정 대상물 찾기

24 인지적 과정

시각장애인이 환경에 대해 방향정위를 할 때 반복하는 인지과정이다.

지각	잔존 감각으로 정보를 수집하기
분석	수집한 정보가 무엇인지 확인하기
선별	위치와 방향을 판단하는 데 도움을 주는 정보 찾기
계획	가야 할 방향과 방법을 결정하기
실행	계획에 따라 이동하기

25	청각활용훈련	방향정위를 위해 청각 정보를 활용할 수 있도록 실시하는 훈련으로, 소리 인식 – 소리 식별 – 소리 변별 – 소리 위치 추정 – 소리 추적 단계로 실시한다. 청각 단서 이용에 방해를 주는 원인은 크게 2가지로, 사운드 마스크는 청각 단서가 주변의 소음으로 인해 들리지 않는 현상이고, 사운드 섀도우는 청각 단서가 구조물로 인해 차단되어 잘 들리지 않는 현상이다.
26	방향정위 활용요소	- 랜드마크(지표)　　　- 측정 - 단서　　　　　　　　- 나침반 방위 - 정보점　　　　　　　- 인지지도 - 기준위치　　　　　　- 공간갱신 - 번호체계
27	자기보호법	상부보호법은 벽을 등진 상태에서 한 팔을 들어 반대편 어깨에 손을 갖다 댄 후에 팔꿈치의 각도가 120° 정도 되게 손바닥을 전방으로 내민다. 하부보호법은 벽을 등진 상태에서 한 손을 몸 중앙으로 내려 뻗은 후 손등이 바깥을 향하도록 몸으로부터 20~25cm 정도 떨어뜨린다. 상·하부 보호법은 한 손은 상부 보호법을, 한 손은 하부 보호법을 사용하는 것으로 필요에 따라 번갈아가면서 사용할 수 있다.
28	핸드 트레일링	실내에서 흰 지팡이 없이 벽을 따라 이동할 때 자주 사용하는 기술로, 벽 주변에 장애물이 있으면 자기 보호법과 함께 사용할 수 있다. 벽과 반보 떨어져 나란히 서서 벽과 가까운 쪽 팔을 전방 45° 각도로 뻗은 후 손의 측면이나 손등을 가볍게 벽에 대고 이동한다.

29	신체정렬	목표지점을 향하여 일직선으로 가도록 소리나 사물로부터 방향을 가늠하는 것이다. 수직정렬(직각서기)은 벽 등의 사물과 90도가 되도록 몸의 한쪽을 정렬하는 방법이며, 진행 방향으로부터 직각으로 방향을 틀어 이동해야 할 때 사용한다. 수평정렬(평행서기)은 사물 등 대상과 평행이 되도록 정렬하는 방법이며, 진행 방향과 같은 방향을 계속 유지하며 이동해야 할 때 사용한다.
		신체정렬과 비어링 신체정렬은 비어링이 일어났을 때, 다시 목적지까지 직선으로 이동할 수 있도록 신체의 방향을 재정립한다.
30	친숙화 과정	독립적 이용을 위해 공간의 구조를 이해하고 친숙해지는 과정으로, 둘레 탐색법은 공간의 모양과 크기를 파악하는 방법이고, 중앙 탐색법은 공간 내부의 구조와 가구 배치를 파악하는 방법이다. 일반적으로 둘레 탐색 후에 중앙 탐색을 사용한다.
31	안내법 기본자세	시각장애 학생은 안내인의 반보 뒤 반보 안쪽 측면에 선 후 안내인의 팔꿈치 바로 위를 손 전체로 감아 잡는다. 그리고 두 사람 모두 양팔을 몸에 가볍게 붙인다.
32	2점 촉타	손은 몸 중심에 두고 지팡이 끝으로 전달되어 오는 진동과 느낌 잘 전달받기 위해 두 번째 손가락은 아래쪽으로 뻗는다. 나머지 손가락들은 지팡이를 감아 잡는다. 손목운동은 손목을 중심으로 손 부분만 양쪽으로 움직여 호를 만들고, 호의 넓이는 양어깨에서 각각 2.5cm 정도 넓게 하는 것이 적당하다. 터치는 가볍게 하며, 지팡이의 끝이 왼쪽 지점을 칠 때 오른쪽 발이 지면에 닿게 한다. 만약 왼쪽 지점을 칠 때 왼쪽 발이 지면에 닿는다면, 멈추지 않고 한 쪽을 지팡이로 연달아 두 번 터치한다.

33	지면접촉유지	지팡이로 좌·우측으로 이동할 때, 지팡이 끝을 계속해서 지면 위에 유지한다. 내려가는 계단이나 연석 등을 가장 빠르게 탐지하며, 지면의 정보를 가장 많이 입수할 수 있으나 표면이 거친 지역에서는 지팡이 끝이 갈라질 수 있다.
34	촉타 후 밀기	바닥면을 두드릴 때마다 팁을 전방으로 5~10cm 정도 미는 동작을 추가한다. 연석이나 계단을 발견하고 지면의 변화를 판단하기 위하여 사용한다.
35	촉타 후 긋기	기준선의 반대쪽을 두드린 후 기준선 쪽으로 지팡이 팁을 바닥에 댄 채로 끌어당긴다. 지면이 서로 다른 경계선을 따라 기준선 보행하거나, 인도 연석처럼 측면의 떨어지는 곳을 탐지할 때도 유용하다.
36	대각선법	실내와 친숙한 곳에서 주로 사용하며, 흰 지팡이를 잡은 손의 팔을 뻗고 지팡이가 대각선 방향이 되도록 조정한 후 바닥으로부터 5cm 이하의 간격을 두고 팁을 유지함으로써 이동할 때 장애물과 턱을 확인할 수 있다. 기준선 보행을 할 때는 벽과 반대쪽 손으로 지팡이를 잡고 지팡이 끝을 벽 또는 걸레받이에 대고 이동한다.
37	기준선 보행	보행자의 진행 방향과 같은 방향으로 뻗어 있는 벽, 펜스, 화단, 담벼락 등을 기준선으로 활용하여 따라가는 기술이다.
38	안내견 보행의 목적	안내견은 이동의 안정성과 편의성을 제공하고, 시각장애인은 방향정위에 집중할 수 있다. 안내견이 스스로 장애물을 인식하여 적절한 판단을 내리므로 빠르고 안전한 보행이 가능하다.

39	확대경 유형	손잡이형	자유롭게 움직일 수 있지만 수전증이 있으면 사용하기 어려움
		스탠드형	초점거리가 고정됨
		반구형	빛을 모으는 성질이 있음
		막대형	읽는 줄 위에 놓고 사용함
		안경 장착형	안경에 부착하여 두 손을 자유롭게 사용할 수 있음

40	시야와 초점거리	눈과 확대경 사이의 거리는 평행광선이며, 시야에 영향을 준다. 확대경과 대상물의 거리는 초점거리이며, 선명한 상에 영향을 준다. 눈-확대경-대상물 간의 거리는 작업거리이며, 렌즈 지름이 클수록, 확대 배율이 낮을수록, 눈과 렌즈 사이의 거리가 가까울수록 넓은 시야를 확보할 수 있다.

41	시야 확대 보조구	리버스 망원경(역단안경)은 대상을 축소시켜 자신의 눈으로 볼 수 없는 범위의 사물까지 볼 수 있게 도와준다. 프레넬 프리즘은 안경에 부착해서 쓰는 것으로, 프리즘을 통해 80~90° 범위 안에 있는 대상을 볼 수 있게 하며 특히 반맹에게 효과적이다.

42	확대독서기 기능	① 배율 조절　　　　　④ 마커 기능 ② 모니터 밝기 조절　　⑤ 화면 캡처 ③ 색상 대비 조절

43	OCR	광학문자 인식 프로그램이라고 하며, 인쇄된 문자를 스캐너로 받아들여 편집 가능한 텍스트 형태로 변환해주는 프로그램이다. 맹학생은 이 텍스트 파일을 음성이나 점자로 출력하여 이용할 수 있다.

44	점자정보 단말기	점자로 읽고 쓸 수 있는 전자기기이며, 좌측 1~3점, 스페이스바, 우측 4~6점 점자 입력 키들이 배열되어 있다. 본체 하단에는 점자 디스플레이가 있으며, 6점이 아닌 8점으로 구성되어 있는데 이는 제일 아래 두 점이 커서에 해당하는 것으로, 원하는 위치에 점자를 입력하거나 수정할 수 있다. 6개의 점자 입력 버튼으로 점자를 입력하고, 음성합성장치와 점자 디스플레이를 통해 음성과 점자로 출력가능하다.
45	점자정보 단말기의 기능	① 문서작성　　　　　　　　　④ 인터넷 사용 ② 음성 독서　　　　　　　　　⑤ 데이지 도서 읽기 ③ 소리 녹음 및 재생　　　　　⑥ 기타(주소록, 계산기, 일정, 알람)
46	데이지 형식	시각장애인 등 일반 활자를 이용하는 데 어려움이 있는 사람들을 위한 표준화된 형식의 디지털 도서로 텍스트, 녹음, 점자 파일 등을 포함한다.
47	촉각자료 제작 시 유의점	① 볼록한 선, 점, 면을 사용하여 촉각으로 명확하게 식별하도록 한다. ② 불필요한 부분들을 생략하고 단순화시킨다. ③ 제작 후 교사는 눈을 가리고 직접 만져보며 완성도를 평가하고 수정한다. ④ 필수적인 정보만 포함한다. ⑤ 크기는 두 손을 붙이고 손가락을 펼칠 때의 넓이가 적절하다.
48	청각자료 제작 시 유의점	① 소음이 적은 시간과 장소에서 녹음한다. ② 속도는 보통 속도로 최대한 명확하게 발음한다. ③ 원본 자료에 기재된 표지, 목차, 저자 소개 등을 빠뜨리지 않고 녹음한다. ④ 쉼표, 마침표 같은 구두점은 특별한 경우가 아니면 듣기 가독성과 이해도를 돕기 위해 생략한다. ⑤ 표, 차트는 구성을 설명하고 칸별로 읽을지 줄별로 읽을지 설명하고 읽는다. ⑥ 그림은 뜻을 풀어서 설명한다. ⑦ 영어단어는 발음하고 철자를 읽는다.

49. 확대핵심 교육과정

시각장애인이 사회의 구성원으로 독립적으로 살아가기 위해 필수적으로 습득해야 하는 지식과 기술로 구성된 교육과정이다.

시각장애 학생을 위한 특수한 교육과정	
시각장애인 자립생활	- 특수교육전문교과 중 직업·생활에 해당 - 단원 : 보행, 보조공학, 일상생활, 대인관계, 감각 활용, 여가 활용, 진로 준비
일상생활 활동	- 교과, 창의적 체험활동과 함께 기본교육과정 편제 - 영역 : 의사소통, 자립생활, 신체 활동, 여가 활동, 생활적응(시각중복, 청각중복, 지체중복)
직업과 자립	- 기본교육과정 진로와직업 적용이 어려운 시각중복장애 학생 대상 - 단원 : 감각 경험과 발달, 인지와 언어, 의사소통 기술, 일상생활 기술, 지역사회 활동, 작업 기초 기술

50. 촉각 상징 의사소통 유형

이태훈	박순희	설명
접촉	접촉신호	- 학생에게 일관된 방식으로 접촉하여 의사소통하는 방식
사물상징	사물신호	- 관련 메시지를 전달하기 위해 관련된 사물이나 사물의 일부를 학생이 만져보게 하여 의사소통하는 방식
	사물상징	- 사물 신호에 반해 해당 활동에 사용되는 실물이 아닐 수도 있으며, 관련 물체를 의사소통 카드나 보드에 부착해 손으로 탐색하는 방식

51. 촉각적 모델링 vs 신체적 안내법

촉각적 모델링은 교사의 올바른 신체 자세나 동작을 학생이 손으로 만져 탐색하고 모방하는 것이며,

신체적 안내법은 교사가 학생 신체에 접촉하여 적절한 자세와 동작을 취하도록 돕는 것이다.

52. 손 위 손 안내법

학생 손 위에 교사의 손을 놓고 학습 기술을 지도하는 방법이며, 교사의 적극적인 개입이 이루어진다. 다른 사람의 접촉에 예민한 학생에게 사용하지 말아야 하며, 지도할 때 강압적으로 다루지 않아야 한다.

53. 손 아래 손 안내법

학생 손 아래에 교사의 손을 놓고 학습 기술을 지도하는 방법이며, 덜 개입적으로 촉각적 민감성이 심하거나 낯선 물체를 탐색하는데 거부감을 보이는 학생에게 효과적이다. 손 아래 손 안내법으로 학생의 저항이 감소하면 용암법을 사용하여 교사의 손을 조금씩 뒤로 뺀다.

CHAPTER 04

지체장애 및 중도·중복장애

특수교육학 키워드를 효율적으로 인출하여 약점 극복하기

1. 지체장애 정의 및 분류
   - 지체장애 정의
   - 분류

2. 뇌성마비
   - 정의
   - 원인
   - 분류
     - 운동 유형에 따른 분류
       - 경직형
       - 운동장애형
       - 운동실조형
       - 혼합형
     - 마비 부위별 분류
     - 기능적 분류 — GMFCS
   - 장애 특성
     - 지각 특성
     - 의사소통기능
     - 반사 특성
       - 생존 반사
       - 자세 관련 반사
     - 신체 특성
   - 뇌성마비 학생의 특수교육 지원 및 중재
     - 자세 유지 및 보조기 착용
     - 운동 지도 방법
     - 의사소통 지원
     - 학습 지원
     - 일상생활 활동 지원

지체장애 및 중도·중복장애 구조도

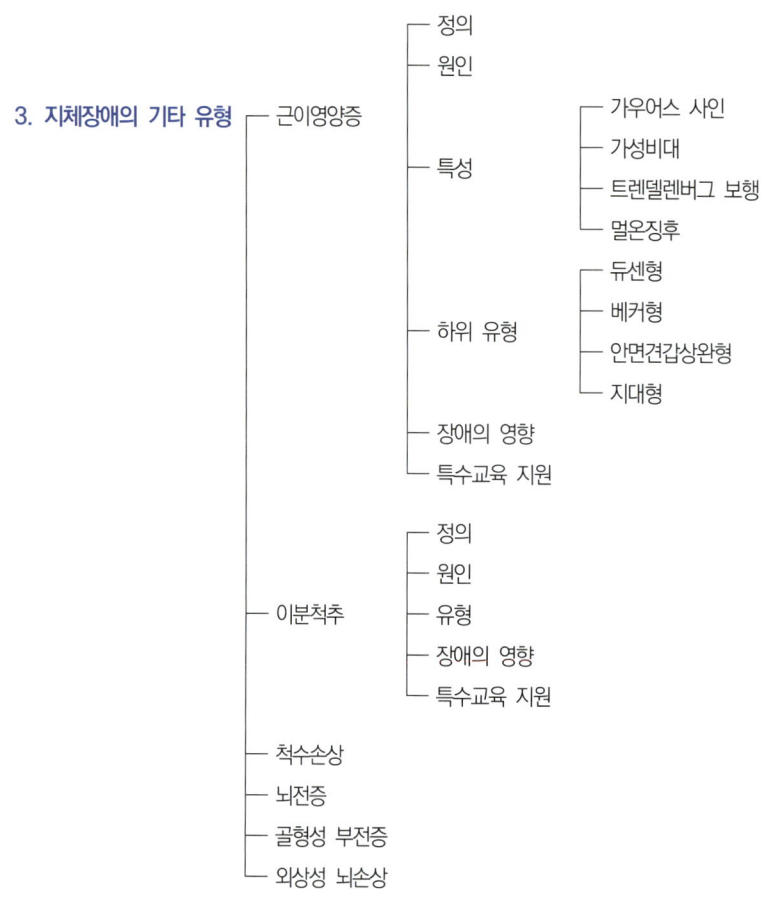

특수교육학 키워드를 효율적으로 인출하여 약점 극복하기

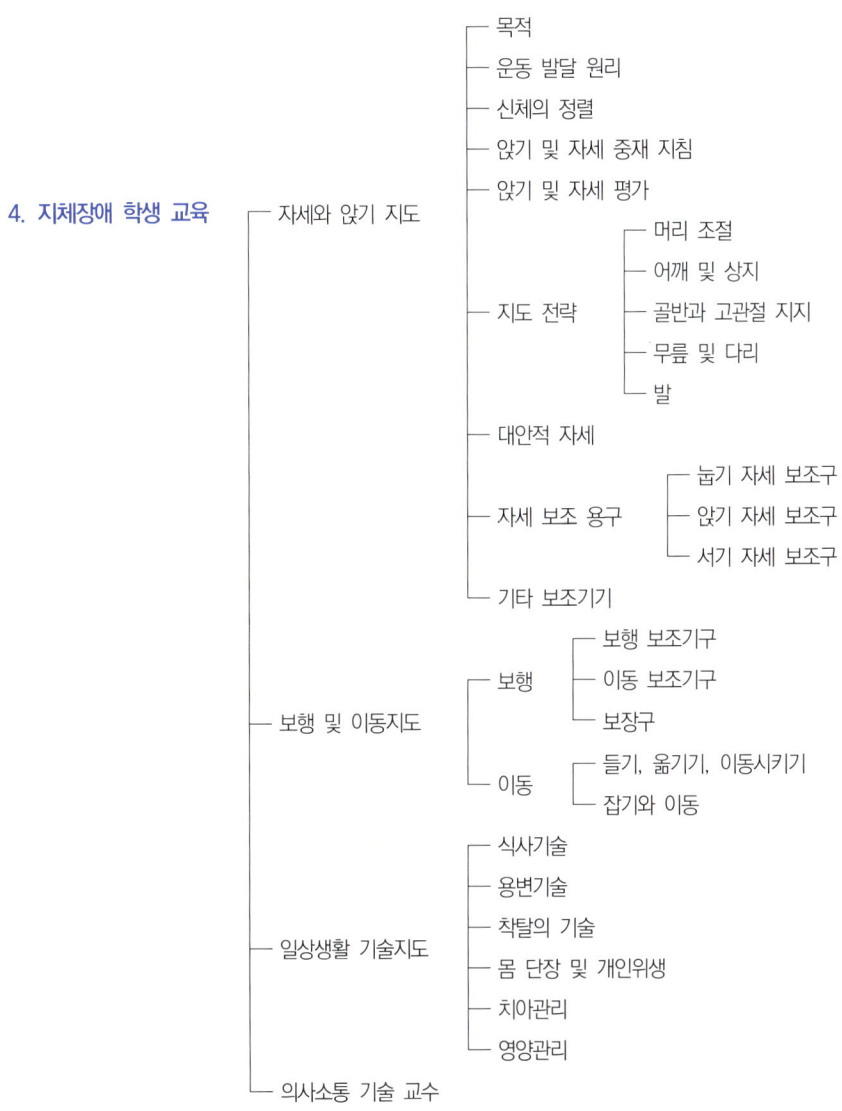

지체장애 및 중도·중복장애 구조도

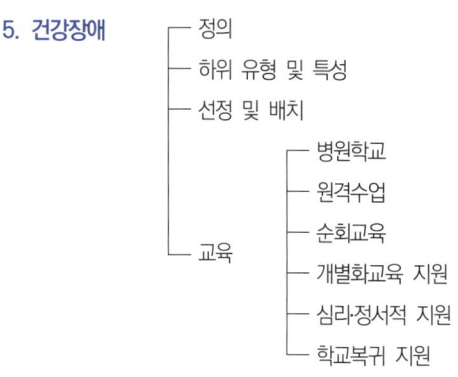

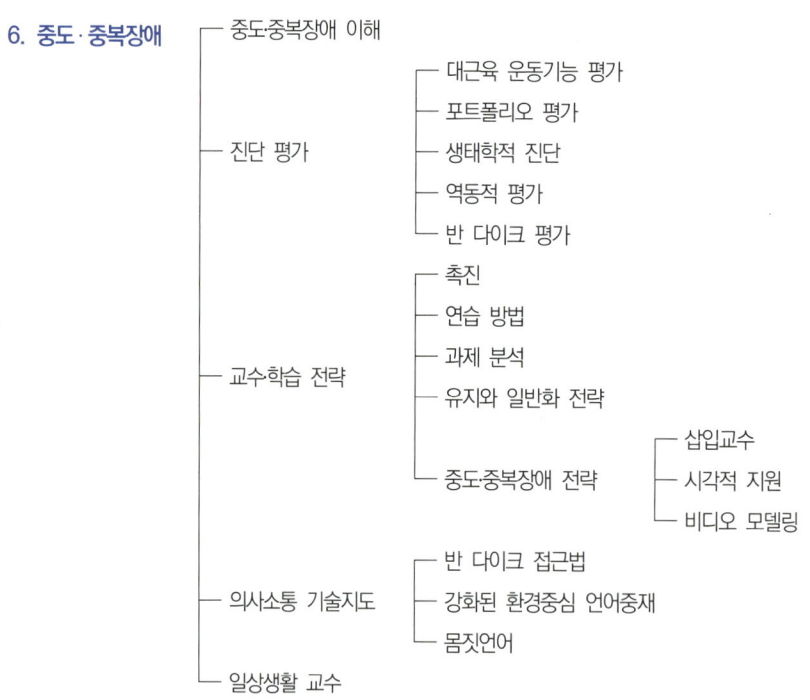

04 지체장애 및 중도·중복장애

KEYWORD LIST

- 01 경직형 뇌성마비
- 02 경직형 양마비
- 03 경직형 편마비
- 04 불수의운동형 뇌성마비
- 05 운동실조형 뇌성마비
- 06 기능적 분류 (GMFCS) 기준
- 07 기능적 분류 (GMFCS) 단계
- 08 원시반사
- 09 대칭성 긴장성 목반사
- 10 비대칭성 긴장성 목반사
- 11 긴장성 미로반사
- 12 양성지지반응 및 음성지지반응
- 13 뇌성마비 신체적 특성
- 14 뇌성마비 생리조절 특성
- 15 신경 발달 처치 목표
- 16 협력적 팀 접근 (진단, 중재)
- 17 근이영양증 정의와 원인
- 18 듀센형 근이영양증
- 19 안면견갑 상완형
- 20 근이영양증 지원
- 21 이분척추 척수수막류
- 22 부재 발작
- 23 전신 긴장성-간대성 발작
- 24 발작 시 대처 방법
- 25 골형성 부전증
- 26 중립자세
- 27 앉기 지도 전략
- 28 프론 스탠더와 수파인 스탠더
- 29 후방지지형 워커
- 30 크러치 계단 오르내리기
- 31 휠체어 구성요소
- 32 보장구의 역할
- 33 들어 올리기 시 유의점
- 34 등 뒤에서 양 손목 잡기
- 35 위식도 역류
- 36 흡인
- 37 대각선 컵
- 38 튜브를 통한 음식물 섭취
- 39 하임리히 구명법
- 40 용변 기술 준비도 평가
- 41 지체장애 유형별 착탈의 기술
- 42 대화 상대자 훈련
- 43 중도·중복장애 의사소통 평가
- 44 역동적 평가
- 45 건강장애 정의
- 46 소속학교와 협력학교
- 47 건강관리계획에 포함되어야 하는 내용
- 48 신장장애
- 49 소아천식
- 50 소아당뇨
- 51 심장장애
- 52 건강장애 선정 및 배치
- 53 병원학교
- 54 순회교육
- 55 최소 위험가설의 기준
- 56 삽입교수
- 57 몸짓언어

| 01 | 경직형 뇌성마비 | 추체계에 손상을 입어 발생하고, 근육이 뻣뻣하고 움직임이 둔하다. 과긴장으로 인해 척추의 후만, 측만이 많고 구축의 위험성이 높다. |

02	경직형 양마비	주로 하지가 손상을 받은 상태이며, 몸통의 회전 능력이 부족하여 옆으로 앉는 자세를 취하기 어렵다. 뒤로 넘어가는 체중 이동을 보상하기 위해 등을 구부린 채로 앉거나, 양다리를 옆으로 벌려 'W'형태로 앉는 자세 등 부적절한 자세를 취하여 균형을 유지하려는 보상작용이 많이 나타난다. W자형으로 앉는 자세는 넓은 지지면은 제공하고 체중을 앞뒤로 옮기기 편한 자세이지만, 엉덩이와 무릎관절의 긴장을 높이고 회전운동과 측면으로의 체중 이동을 어렵게 한다.
03	경직형 편마비	몸의 한쪽 편만 마비가 된 경우이며, 손상되지 않은 쪽으로 기능적인 동작을 해결하려고 하는 경향이 있다. 그러나 한쪽만 지나치게 사용하면 발작이 나타날 우려가 있으므로 주의가 필요하다. 이를 고려하여 마비된 손을 이용하여 물건을 집거나 조작하는데 '조력자'로서 사용하도록 지도하며 자리는 마비 부위를 활용하도록 배치한다.
04	불수의운동형 뇌성마비	기저핵의 손상으로 나타나며, 근육의 떨림이나 근긴장도가 수시로 변하여 비자발적이고 불수의적인 운동이 나타난다. 특징으로 머리 조절이 힘들고 중심선상에서의 운동조절 능력이 현저히 떨어지며 신체의 비대칭이 있다. 운동 지도로는 중간범위 운동을 반복하며, 자리는 비대칭성을 고려하여 칠판 정면을 바라보게 한다.
05	운동실조형 뇌성마비	소뇌 손상으로 발생하며, 저긴장과 함께 균형감각과 균형에 필요한 협응력 부족으로 몸통의 안정성이 떨어진다. 보행을 위해 다리를 넓게 벌리고 균형을 잡기 위해 팔을 올리고 걷는 보행형태를 보이며, 신체와 관절 부위에 무게감 있는 조끼 착용과 같은 강화된 감각입력을 제공하는 것이 필요하다. 자리는 측면에 배치하여 몸통의 회전 운동과 협응 운동이 일어날 수 있도록 한다.

06	기능적 분류 (GMFCS) 기준	뇌성마비 학생의 기능수준에 따른 분류체계로, 학생의 일상생활에서의 운동 기능 수준을 기준으로 하여 현재 기능적 활동의 수행 수준을 잘 파악할 수 있다. 3가지 기준은 기능적 제한, 손으로 잡는 보행보조기구나 바퀴 달린 이동보조기구의 필요 여부, 동작의 질이다.

07	기능적 분류 (GMFCS) 단계		
		Ⅰ단계	제한 없이 걸을 수 있다. 하지만 속도, 균형, 협응 면에서 제한이 있다.
		Ⅱ단계	대부분의 환경에서 걸을 수 있다. 먼 거리 걷기, 평평하지 않고 경사진 길 걷기, 사람이 붐비는 곳이나 좁은 곳 걷기, 걸으면서 물건을 옮기기에 제한을 보인다. 난간을 잡고 계단을 오르나, 난간이 없으면 신체적 보조를 받아서 계단을 오른다.
		Ⅲ단계	학생은 실내에서 대부분 손으로 잡는 이동기구를 이용하여 걷는다. 다른 사람이 옆에 서 있거나(감독) 신체적 보조를 제공하면 난간을 잡고 계단을 오르내릴 수 있다. 먼 거리 이동 시 휠체어를 사용한다.
		Ⅳ단계	학생은 대부분의 환경에서 타인의 신체적 도움을 받거나 전동휠체어를 사용한다.
		Ⅴ단계	학생은 모든 환경에서 수동휠체어로 다른 사람이 옮겨 주어야 하고, 중력에 대항하여 머리와 몸통의 자세를 유지하기 어렵다.

08	원시반사	본능적으로 자신을 보호하기 위하여 나타나는 필수적인 행동이며, 아동이 성숙하면서 소멸되거나 통합되지만, 잔존하게 되면 올바른 자세잡기와 운동발달이 이루어지지 못한다.

09	대칭성 긴장성 목반사 (STNR)	머리를 뒤로 젖히면 척추전만으로 인해 상지는 신전, 하지는 굴곡이 되고 머리를 앞으로 숙이면 척추후만으로 인해 상지는 굴곡, 하지는 신전이 되는 반사이다. 복와위(엎드린 자세) 자세에서는 이 반사로 인해 활동에 지장을 받게 되며, 휠체어에 앉아 있는 학생에게는 이 반사로 인해 천골앉기 자세, 전방미끄러짐 현상, 욕창 등이 발생할 수 있다. 과제를 제시할 때는 학생의 정면에서 눈높이에 맞춰서 제시하고, 스위치는 수직으로 배열해 준다.

10	비대칭성 긴장성 목반사 (ATNR)	목을 돌리면 얼굴이 바라보는 쪽의 팔과 다리가 신전되고, 반대편의 팔과 다리는 굴곡되는 반사다. 앙와위(등을 대고 누운 자세) 혹은 앉은 자세에서 쉽게 유발되며, 척추측만 같은 기형과 함께 욕창 등이 발생할 수 있다. 과제를 제시할 때는 학생의 정면 중심선 앞에서 제시한다.
11	긴장성 미로반사 (TLR)	머리의 중립이 깨졌을 때 나타나는 반사로, 머리를 신전시키고 바로 누워 있는 경우에는 몸 전체가 신전이 되고, 머리를 굴곡시키고 엎드려 누워 있는 경우에는 몸 전체가 굴곡이 되는 반사이다. 반사의 영향을 피하기 위해 머리의 위치를 중립에 두거나 옆으로 눕는 자세를 취하는 것이 좋고, 앉은 자세에서 적절한 자세잡기 기기를 사용하는 것이 좋다.
12	양성지지반응 및 음성지지반응	양성지지반응은 발바닥이 자극되면 다리가 신전되며 구축과 전방미끄러짐 자세가 나타나고, 음성지지반응은 발바닥이 자극되면 다리가 굴곡되며 천골 앉기 자세가 나타난다.
13	뇌성마비 신체적 특성	척추기형으로 척추후만, 척추전만, 척추측만증이 발생할 수 있으며, 척추측만증의 경우 척추가 옆으로 심하게 굽어 내장을 압박하기 때문에 방치할 경우 자세의 균형, 보행, 심폐 기능에 영향을 줄 수 있다. 고관절 탈구는 고관절 주위 근육의 경직으로 대퇴골이 고관절에서 이탈되는 것을 말하며, 접촉이 다소 남은 상태는 아탈구, 분리된 것은 탈구라 한다. 관절 구축은 근긴장도의 지속적인 증가로 근육, 인대, 관절막의 길이가 단축되어 나타나는 현상으로 내반족, 외반족과 같이 발 모양이 변형되거나 발끝으로 걷는 첨족이 나타날 수 있다.

14	뇌성마비 생리조절 특성	구강반사는 물기반사, 구역반사, 혀 내밀기 반사 등이 있으며 이로 인해 씹기, 빨기, 삼키기에 어려움이 있다. 위장문제는 많은 뇌성마비 학생이 가지고 있는 문제이며, 식사와 소화, 배설, 영양 문제가 유발된다. 대표적인 문제로 위식도 역류가 있다. 요로 감염도 많이 나타날 수 있으므로 충분한 수분 섭취와 청결 지도를 통해 깨끗하게 한다.
15	신경 발달 처치법 (NDT) 목표	학생의 비전형적인 움직임 패턴을 억제하고 전형적 움직임의 패턴을 촉진하는 것으로 정상적인 자세반사와 운동반응을 촉진한다. 자세 조절에 요구되는 감각으로는 전정감각, 촉각, 고유수용감각 등이 있다.
16	협력적 팀 접근 (진단, 중재)	지체장애 학생의 요구와 필요를 반영한 운동계획을 수립하고 지도할 때, 교사와 물리치료사, 작업치료사와의 협력이 중요하다. 이때는 초학문적 팀 협력을 하는 것이 좋다.
17	근이영양증 정의와 원인	골격근의 진행성 위축과 근력 저하를 특징으로 하는 근육질환으로 디스트로핀이라 불리는 단백질 부족으로 나타나며 유전적으로 결정되는 진행성 질환이다.
18	듀센형 근이영양증	근이영양증의 대표적인 유형으로, 앉은 자세에서 일어서기 어려워 손을 사용하는 가우어스 사인과 종아리 부분의 약해진 근육을 보상하기 위해 근육이 지방섬유로 대치되어 건강한 근육 조직처럼 보이는 가성비대가 나타난다.

19	안면견갑 상완형	안면근, 견갑근, 상완과 허리, 엉덩이 근육 등이 약화되기 시작하며, 어깨뼈가 날개같이 튀어나오는 익상견갑을 보이는 질병이다. 안면근육의 약화로 인해 휘파람 불기, 풍선 불기, 빨대로 물 마시기 동작에 어려움을 보인다.
20	근이영양증 지원	근이영양증 학생을 위한 중재는 장애 상태의 개선보다 현재의 상태를 유지하도록 지원하는 것이 중요하다. | 수면	에어매트리스, 물침대 사용, 일정한 간격으로 몸의 위치 변경
---	---
휠체어	올바른 자세 유지, 사용 시간 줄이기, 규칙적인 스트레칭
운동	근력 유지와 구축 예방을 목표로 저항이 낮은 운동
학습	자율성을 증진시키기 위한 교수전략 활용	
21	이분척추 척수수막류	척수를 둘러싼 척추뼈 뒷부분이 완전히 닫히지 않아 분리된 척추 사이로 척수나 신경섬유가 돌출된 상태이며, 대부분 뇌척수액이 축적되어 수두증을 앓고 뇌손상을 입게 된다. 뇌에 션트를 삽입하는 외과수술을 통해 뇌척수액을 배출시켜 뇌압 상승으로 인한 손상을 방지한다. 대부분 하지마비이며 운동장애뿐 아니라 감각기관의 손상도 나타난다.
22	부재 발작	전조 없이 갑자기 나타나고, 특징적으로 멍한 상태를 보이는 발작 증세가 5~15초 정도 지속되며, 많은 경우 하루에 수십 회씩 나타나기도 한다. 학생은 공허하게 앞을 주시하거나 눈을 깜빡거리거나 간대성 경련을 보이며, 경련이 계속됨에 따라 학업성적이 떨어지게 된다.
23	전신 긴장성- 간대성 발작	발작이 시작되면 의식 불명 상태에서 온몸 경직, 호흡곤란, 불규칙적 호흡으로 인한 청색증이 나타날 수 있다. 몸이 뻣뻣해지는 긴장성 발작기에서 몸이 떨리는 간대성 발작기로 이어 나타난다.

24	발작 시 대처 방법	학생 발작 시 머리를 보호하고 편안히 누울 수 있도록 하며, 옆으로 뉘어 입으로부터 침이 흘러나오도록 한다. 날카롭거나 딱딱한 물체, 깨지기 쉬운 물체는 치우고, 옷은 느슨하게 풀어 준다. 발작을 억제하기 위해 아동을 흔들거나 억압하지 않으며, 주변 학급 또래들을 진정시킨다. 교사는 발작 시작과 끝 시간, 발작 부위, 이완 강직 여부, 호흡 폐쇄, 청색증 여부를 기록한다.
25	골형성 부전증	뼈가 약하여 신체에 큰 충격이나 특별한 원인 없이도 뼈가 쉽게 부러지는 유전질환이며, 척추 문제로 수술과 다리 교정, 자세 교정 등이 필요하다. 특수교육 지원으로는 신체에 맞는 의자를 제공하고, 교실을 1층에 배치하거나, 교실 간 이동 거리 단축을 위한 스케줄 조정이 필요하다.
26	중립자세	신체의 정렬 상태가 좋고, 안정적이며 균형 잡힌 상태를 말하며, 장점으로는 안정된 지면을 제공하고, 몸을 움직이기 쉬운 자세로 취해주며, 시야를 확보해 주고, 팔과 손의 기능을 최대한 활용할 수 있게 한다. 머리는 신체 정중앙에 위치하여 정면의 사물을 보고, 어깨는 이완되어 팔이 기능적으로 움직일 수 있다. 고관절, 슬관절, 족관절의 각도는 90° 굴곡 상태로 발이 바닥이나 지면에 놓인 자세이다.

27	앉기 지도 전략		
		머리	- 똑바로 세우고 턱을 약간 밑으로 잡아당기는 듯한 자세가 바람직하며, 필요한 경우 머리지지대를 사용함 - 머리 조절능력이 있으면 의자 등판을 머리까지 오도록 연장하는 것으로 도움이 됨 - 머리 조절능력이 없으면 목근육 굴곡을 초래하므로 머리 밑부분을 감싸듯 받쳐 주는 보조대가 필요함
		어깨 및 상체	- 어깨 벨트나 가슴 벨트를 이용하여 안정감을 줌 - 측방굴곡의 경우 좌우에 지지대를 설치하고, 측방굴곡이 중력의 힘에 의한 것이라면 의자 등판을 약간 뒤로 젖혀줌 - 전방굴곡의 경우 가슴 혹은 어깨에 벨트를 착용하거나 휠체어에 책상을 부착하여 몸통을 지지함
		골반	- 의자 벨트로 지지해 줄 수 있고, 기형을 막기 위해 45도 각도로 제공함 - 앉을 때 체중이 좌우 엉덩이에 골고루 분산되도록 하고 좀 더 편안한 자세를 위해서는 팔걸이나 책상 등을 제공함
		다리	- 의자에 앉았을 때 무릎과 의자 밑판의 앞부분과의 거리가 손가락 1~2개 정도일 때가 가장 적절함 - 양쪽 다리 길이에 차이가 있는 경우에는 의자 밑판과 발판의 길이를 다르게 만든 특수의자를 제작함 - 비대칭적 엉덩이를 가진 경우에는 특수 밑판을 제작하여 체중으로 인한 압력이 고르게 지지되도록 함 - 다리를 적절히 정렬하지 못하는 경우에는 다리를 벌려 주는 기능상 외전대 또는 다리를 모아 주는 기능상 내전대를 이용함 - 발바닥은 전면이 바닥에 닿도록 하여 안정감을 유지함

28	프론 스탠더와 수파인 스탠더	프론 스탠더는 엎드린 자세로 다리 및 몸통을 고정시킨 후 바로 세워 설 수 있도록 보조하는 기기이며, 머리를 스스로 가눌 수 있는 경우 사용할 수 있고 두 손을 기능적으로 사용하는 것이 가능하므로 상지 기능 강화를 위해 사용할 수 있다. 수파인 스탠더는 상체와 하체의 조절 능력이 저조하여 세우기가 힘든 경우 등을 대고 누운 자세에서 다리 및 몸통을 고정시킨 후 각도를 세워 설 수 있도록 보조하는 기기이다.

29	후방지지형 워커	학생의 뒤에 워커를 놓고 끌면서 걷는 것으로, 보행 중 신체의 무게중심이 전방으로 쏠려 앞으로 넘어지는 경향이 있거나 점차 빨라지는 가속 보행이 나타날 때 사용한다. 워커의 가로대에 등을 기대고 워커 안에 설 수 있게 하여 똑바른 기립 자세를 강화하기 위해 설계되었다.
30	크러치 계단 오르내리기	항상 건강한 다리가 계단 위쪽에 있어야 한다. 올라갈 때는 건강한 다리를 올려놓고 딛으면서, 약한 다리와 크러치를 동시에 올려놓고, 내려올 때는 약한 다리와 크러치를 동시에 계단 아래로 내려놓고, 건강한 다리를 내려놓는다. 교사는 학생 옆에서 보호하는 것이 좋으나 어려운 경우 난간을 잡고 계단 위아래 양발을 앞뒤로 벌려 체중이동과 자세를 용이하게 만들 수 있는 준비를 하여 넘어짐에 대비한다.

31. 휠체어 구성요소

구성요소		설명
의자		- 자세 지지를 위해 의자는 고정되어야 한다. - 얕은 의자는 발 지지대와 발의 적절한 접촉을 막으며 깊은 의자는 원활한 혈액순환을 방해한다. - 의자의 높이는 사용자의 키에 따라 달라진다.
등받침		- 잘 접어지면서 단단한 틀의 형태가 좋다.
팔걸이		- 척추의 기형을 예방하며 팔 무게를 놓을 때 척추에 주는 부담을 덜 수 있다.
머리받침대		- 머리조절이 어려운 학생에게 필요하며 자세, 근긴장, 목의 자세 및 연하작용을 보조해준다.
좌석벨트		- 이동 시 안정성을 제공하며, 몸통 및 골반의 위치를 잡아주고, 미끄러짐 현상을 방지한다.
운전 조이스틱		- 사용자가 의자의 이동 속도와 방향을 조절할 수 있게 한다. - 전동휠체어의 경우 조이스틱형의 조절장치가 적합하며 헤드스틱이나 입을 이용하는 스위치로 된 장치도 사용된다.
발받침		- 발이 바닥에 끌리는 것을 방지하며 허벅지 뒷부분을 지지해준다.
바퀴	앞	- 앞으로 나가도록 역할을 하며 - 큰 앞바퀴는 충격 흡수 / 작은 앞바퀴는 방향 전환이 간편하다.
	뒤	
손조절바퀴		- 운전바퀴에 부착되어 운전방향의 조절을 가능하게 하는 원모양의 둥근 손잡이로 - 편마비의 경우 한 손으로만 휠체어를 추진할 수 있도록 바퀴손잡이가 모두 한 쪽에 부착되어 있다.
브레이크		- 이동하지 않을 때는 반드시 잠근다.
랩보드		- 휠체어에 부착하는 책상 - 기능적 움직임과 상체 안정성을 제공한다.

> **조이스틱** 일반 휠체어, 전동휠체어에 적용되어 이동 속도와 방향을 조절하며 AAC와 연계하여 사용 가능하다.

32	보장구의 역할	인체의 뼈, 근육, 신경이 골절되거나 마비되어 장애가 발생하였을 때 정상 생활을 할 수 있게 도움을 주는 재활기계 장치이며, 근육을 지지할 뿐 아니라 고정해 줌으로써 바른 자세를 취하게 해주므로 구축을 예방한다.
33	들어 올리기 시 유의점	교사는 허리를 펴고 다리를 구부려서 척추나 관절에 가해지는 부하를 줄이고 학생과 높이를 맞춘 상태에서 학생의 무게중심을 교사의 몸에 가깝게 한다. 학생의 반사가 일어나지 않은 안정된 상태에서 들어 올리며 팔목, 팔꿈치, 겨드랑이 밑을 잡는 것은 관절에 손상을 줄 수 있으므로 피해야 한다.
34	등 뒤에서 양 손목 잡기	학생의 등 뒤에서 양쪽 겨드랑이 사이로 손을 넣어 양쪽 손목을 잡는 방법으로, 학생이 한 손으로 자신의 반대쪽 손목을 잡아주면 힘이 보다 안정적으로 전달될 수 있다.

35	위식도 역류	음식물을 자주 뱉어내거나 목 메임, 구역질, 기침, 구토 등의 증상을 보일 수 있다. 식사 자세는 수직 자세가 좋고, 식사 후 45분간은 눕지 않고 이러한 자세를 유지하는 것이 도움이 된다. 앉은 자세에서 식사하는 것이 힘든 학생의 경우라도 상체를 30도 이상 세워서 먹도록 하고, 식사 후 반쯤 기댄 자세나 앉은 자세가 도움이 된다.

정동훈	예방을 위해 음식물을 조금씩 자주 먹이고, 걸쭉한 형태의 음식물이 도움이 된다.
박은혜	작은 알갱이 형태의 음식보다 으깬 바나나 등 덩어리가 큰 음식부터 먹을 수 있도록 지도한다.

36	흡인	음식물이나 침이 기도로 들어가 발작적인 기침을 하는 증상으로, 심한 경우 기도폐쇄로 연결된다. 입으로 식사를 하는 학생은 머리는 약간 앞쪽으로 구부리고 똑바른 자세로 식사를 하게 한다.
37	대각선 컵	컵 안의 음료가 보이도록 컵의 윗부분을 잘라낸 컵으로, 목이 뒤로 젖혀지는 것을 막아주고 음료가 코에 닿지 않게 한다. 음료를 마시기 위해 고개를 들었을 때 몸의 균형을 잃는 아동에게 사용하며, 먹이는 사람이 도려낸 부분을 통해 마시는 상태를 보면서 음료의 양을 조절해 줄 수 있다.
38	튜브를 통한 음식물 섭취	복부를 통해 위까지 연결된 위루관, 코, 목, 식도를 거쳐 위에 이르는 비위관을 통해 음식물을 섭취한다. 식사 시 직립 자세나 45도 각도의 자세가 역류를 막으며, 식사 후 최소 45분은 똑바로 앉거나 반쯤 기대어 앉도록 한다. 학생 상호작용을 위해 튜브 섭식은 또래들과의 평상시 시간에 이루어지도록 하며, 튜브 삽입 부위의 피부 상태와 막힘 등에 유의한다.

39	하임리히 구명법	기도가 이물질로 인해 폐쇄되었을 때 사용하는 응급처치법이며, 뒤에서 시술자가 양팔로 환자를 뒤로부터 안듯이 잡고 검상돌기와 배꼽 사이의 공간을 주먹 등으로 세게 밀어 올리거나 등을 세게 친다.
40	용변 기술 준비도 평가	생활연령은 2세 이상이어야 하며 기저귀 마른 상태를 최소한 1~2시간 정도는 유지해야 한다. 하루 평균 3~5번의 소변이 같은 시간에 보이는 정도로 일정한 패턴이 나타나야 한다.

기출 POINT	용변기술훈련	
1단계	습관 훈련	
	- 이 단계의 목적은 학생이 규칙적인 계획표에 따라 변기에 앉는 경험을 주는 것이다. - 용변 패턴을 파악한 후 학생에게 시간에 맞춰 용변을 보도록 하는 것으로, 예측되는 시간 10분 전에 화장실에 가도록 하며 5분 동안 변기에 앉아 있도록 한다.	
2단계	스스로 화장실 사용 시도하기(=자기주도적 용변기술)	
	- 화장실에 가야 할 필요를 인식하고 징후를 나타내도록 하는 단계다. - 학생이 용변을 보자마자 칭찬해 줌으로써 방광이 가득 찬 것과 배설하는 것의 관계를 인식하도록 돕는다.	
3단계	독립적으로 화장실 사용하기(=스스로 용변보기)	
	- 이 단계에서 지도해야 할 내용은 화장실을 가야 한다는 것을 깨닫는 것과 화장실을 이용하는 모든 과정을 스스로 해내는 것이다.	

41 지체장애 유형별 착탈의 기술

편마비	셔츠	입을 때	마비쪽 소매 어깨까지 입기	→	비마비쪽 소매 넣어 입기
		벗을 때	마비쪽 어깨 벗고 비마비쪽 소매 빼기	→	마비쪽 소매 빼기
	티셔츠	입을 때	마비쪽 소매 끼워 넣기	→	비마비쪽 소매 끼워 넣기
		벗을 때	비마비쪽 상지 빼기	→	마비쪽 상지 빼기
	바지	입을 때	마비쪽 대퇴 부위까지 입기	→	비마비쪽 바지 입기
		벗을 때	비마비쪽 벗기	→	마비쪽 벗기
근이영양증	티셔츠 입기		휠체어 랩보드 같은 받침이 필요하다. 팔꿈치를 받침에 지지한 상태에서 옷을 입고 벗는다.		
	바지 입기		바닥에 무릎 펴고 앉은 자세를 취하여 입는다.		
뇌성마비			머리, 몸통 고정하기, 벽에 기대기, 난간 잡기는 불수의운동이 감소하여 자세 안정성이 좋아진다. 운동장애가 큰 부위부터 보조하면 쉽고, 신체 변형이 심한 경우는 체위 변화를 줄일 수 있는 옷 입기 순서를 고려한다.		

42 대화 상대자 훈련

학생과 의사소통하는 사람들과 주변인 대상으로 대화상대자 훈련을 실시하며, 학생의 비상징적 의사소통에 대한 대화상대자의 이해를 향상시키고, 학생의 의사소통 시도와 반응에 대한 민감성을 강화하는 내용이 포함된다.

구어가 아닌 AAC 방법을 사용하는 학생과 소통하는 대화상대자의 경우에는 기기 사용 훈련과 상호작용 훈련이 요구된다.

> **기출 POINT**   초기 의사소통 지도
>
> ① 의사표현의 필요성 인식
>   - 그림 의사소통판이나 의사소통기기를 사용하여 의사를 표현하는 방법을 지도하되, 의사표현의 필요성을 인식하도록 유도한다.
> ② 선택하기 교수
>   - 다른 사람과 의사소통하기 위해 우선적으로 지도해야 하는 것은 선택하기 기술이다.

43 중도·중복장애 의사소통 평가

중도·중복장애 학생의 의사소통 평가는 언어의 형식적인 측면보다는 화용론적인 기능의 발달에 중점을 두는 것이 중요하다.

44	역동적 평가	기본 개념	교사가 학생과의 대화나 상호작용을 통해 학습자의 잠재적 발달수준에 대한 정보를 수집하고 교육 활동 속에서 학생의 학습능력을 평가하는 방법
		목적	개별 학생의 향상도 측정과 교수·학습 활동을 개선하거나 촉진하기 위해 어떠한 교육적 처방이 필요한지 파악
		의사소통 평가	역동적 평가가 이루어져야 하며, 평가와 지도가 단계적으로 구분되지 않고 반복적으로 병행하여 학생이 자신의 잠재능력을 최대한 발휘할 수 있도록 지원
		특징	학습 결과보다는 학습과정에 초점을 맞추며, 피드백을 제공하여 장애학생이 주어진 문제를 해결하는 데 어떤 피드백을 얼마나 활용하는지 확인
		장점	상호작용적인 교수를 통해 학생의 반응성을 최대한 이끌어냄 검사 – 교육 – 재검사의 과정을 거치며, 중도·중복장애 학생의 교육 향상을 위해 지속적으로 노력함
45	건강장애 정의		만성질환으로 인하여 3개월 이상의 장기 입원 또는 통원 치료 등 계속적인 의료적 지원이 필요하여 학교생활 및 학업 수행에 어려움이 있는 사람
46	소속학교와 협력학교		소속학교는 건강장애 학생의 학적이 있는 학교를 말하며 '원적학교'라고 불리기도 한다. 협력학교는 병원학교 교사가 소속된 학교를 말한다.

47	건강관리 계획에 포함되어야 하는 내용	1. 누가 아동과 함께 있을 것인가 2. 어떻게 도움을 요청 할 것인가 3. 누가 약물 복용과 의료적 처치를 수행할 것인가 4. 구체적인 중재 기술은 무엇인가 5. 부모(보호자)에게 어떻게 연락을 취할 것인가
48	신장장애	신체 내 노폐물을 제거하여 적절한 수분과 전해질을 보유하도록 조절하는 신장의 기능 이상으로, 생애주기에 걸쳐 지속적으로 건강관리가 필요하므로 체계적인 건강관리 교육이 필요하다. 식이조절을 통한 수분, 염분, 단백질, 칼륨 섭취량을 조절하며, 규칙적인 약물 복용, 정기적인 검사가 필요하다. 어려움이 겉으로 드러나지 않기 때문에 학생이 자신의 병을 편안하게 밝힐 수 있도록 수용적 태도와 준비가 필요하다.
49	소아천식	천명을 동반한 발작적인 기침과 호흡 곤란이 나타나며 발작 시 마른 기침과 흉부 압박감을 느낀다. 건강관리계획에는 위급한 상황을 대비하여 보건교사와 연계한 응급 상황에 대한 대처 계획을 수립하며 천식 자가관리 교육을 통해 학생 스스로가 적절하게 의료적인 처치를 조절할 수 있도록 개인의 자율성 지도를 실시한다. 천식 발작 시 의사소통 요구를 표현할 수 있도록 도움 요청 카드를 휴대하도록 할 수 있다. 천식으로 호흡하기 힘들어질 때는 벽에 기대어 서서 고개를 숙여 보도록 한다. 또는 옆으로 누운 자세를 취하는 것도 호흡에 도움이 된다. 약간 무릎을 벌리고 팔꿈치에 기대어 앞으로 숙인 자세와 베개를 껴안듯이 앞으로 몸을 숙이는 자세도 호흡하기 편한 자세이다. 최대호기유속이란 최대한 숨을 들이마신 후에 가장 빠르고 최대한 힘 있게 숨을 내쉬었을 때의 속도를 말하며 최대호기유속량 측정기는 하루 두 번, 흡입제 사용 전 측정하여 매일매일의 천식 증상 변화를 살펴보기 위해 이용한다.

50	소아당뇨	인슐린이 부족하거나 기능에 이상이 발생하는 질환으로 몸에 섭취된 당분이 잘 사용되지 못하고 혈액 속을 떠돌다가 소변으로 배설되는 것이다.
		학생은 저혈당 증상을 개별 행동의 어려움으로 대처하지 못해 저혈당 혼수상태를 초래하기도 하므로 제시간에 식사를 할 수 있도록 하며, 교사는 학생이 저혈당이 생겼을 때 응급조치 방법에 대해 숙지해야 한다.
51	심장장애	심장의 기능 부전으로 일상생활 정도의 활동에도 호흡 곤란 등의 장애가 있어 일상생활 활동에 현저한 제한을 받는 장애로 고열, 감기 증상, 충치에 유의해야 한다.
		교육적 조치로는 청색증에 유의하여 추운 날씨에 야외, 운동장에서 이루어지는 수업 활동에 조치가 필요하고 호흡곤란이 심하다면 휴식을 취하게 한다.
		체력을 고려한 적당량의 운동을 하되, 인공심장박동기를 장착한 경우 흉부 타박이 예상되는 스포츠는 참가시키지 않는다.

52	건강장애 선정 및 배치	건강장애 선정 제외 대상	- 소아당뇨, 아토피, 간질, ADHD 등은 만성질환으로 관리가 필요하나 학교에 출석이 가능하여 제외됨 건강장애 선정 대상자 기준에 충족되지는 않으나 정신적 질환으로 장기결석을 하는 학생을 대상으로 일부 시·도에서는 위탁형 대안학교를 설치하여 운영중이며 치료를 포함하여 교육과정의 50%를 수료하도록 하고 있음.
		건강장애 선정 취소 사유	- 완치한 경우 - 소속 학교로 복귀하여 정상적으로 출석하는 경우 - 소속 학교에서 휴학 또는 자퇴를 하고자 하는 경우

		건강장애 학생을 위한 개별화교육계획	- 개별화건강관리 계획을 포함하여 작성
			  - 일반적인 개별화교육계획 구성요소
			  - 교육 실행을 위해 교사가 알아야 할 학생의 건강 관련 사항
			  - 특별히 요구되는 건강관리 절차
			  - 만약을 대비한 응급상황과 그에 따른 처치 내용
			  - 응급상황 시 행동 요령 등

53	병원학교		
		개념	장기 입원이나 통원치료로 학교 교육을 받을 수 없는 학생들을 위해 병원 내에 설치된 학교
		목적	건강장애 학생들의 학업 연속성 유지 및 학습권 보장
		학적	학생의 소속학교에 두고 병원학교 출석 여부를 소속학교에 문서나 구두로 전달하여 학교 출석으로 처리
		학사 일정	병원학교가 속한 협력학교의 학사 일정에 준함
		교육 시수	출석 인정 최소 수업시수는 초등 1일 1시간 이상, 중등 1일 2시간 이상이며 1시수의 수업 시간은 20분 이상
		출결	해당 기관의 출결확인서로 처리
		성적 처리	- 평가 당일 학교 출석을 권장하고 곤란한 경우 가정이나 병원을 방문하여 평가 - 직접 평가가 불가능한 경우에는 학교의 학업성적관리위원회나 학업성적관리규정 등을 통해 학내에서 결정하여 처리 수행평가에 참여하지 못한 학생(결시생)의 성적처리는 인정점을 부여하되, 인정사유 및 인정점의 비율 등은 당해 학교의 학업성적관리 규정으로 정한다.

54	순회교육	장애로 인해 장·단기 결석이 불가피하여 학교에서 교육을 받기 곤란하거나 불가능한 학생의 교육을 위해 의료기관 또는 가정 등에 교사가 직접 방문하여 특수교육 대상자의 교육을 지원하는 교육 형태이며, 학생 소속 학교의 일반교사와 특수교사가 담당하거나 해당 교육청에서 건강장애 학생 순회교육 협력학교를 지정하여 운영하고 일반학교, 교육청, 특수교육지원센터 등에서 순회교육 내용을 관리·감독하여 운영한다.

55	최소 위험가설의 기준	확정적 또는 결정적인 교육적 자료가 없을 때 교육자는 학생에게 위험한 영향을 최소화할 수 있는 가정에 기초하여 결정을 해야 한다는 신념으로, 장애학생의 정확한 수행 수준을 파악하기 어려울 때는 학생이 할 수 있다고 생각하는 것이 할 수 없다고 가정하는 것보다 훨씬 덜 위험하다는 것이다.

56	삽입교수	목표 기술을 자연스러운 일과 활동 내에서 수행할 수 있도록 활동 속에 삽입하는 것을 말하며, 학생의 수행 정도에 따라 연습 시수를 정하여 일과 내에 분산하여 시도할 수 있도록 계획된다. 장점으로는 기존의 교육과정을 크게 변화시키지 않으면서 중도·중복장애 학생을 분리시키지 않고, 기능적인 기술을 습득하여 일반화를 촉진한다.

57	몸짓언어	손이나 몸을 이용한 비구어 의사소통 방법으로 AAC 방법 중 하나이다. 목소리, 얼굴 표정, 터치 단서 등의 방법을 같이 사용하면 효과적인 의사소통이 가능하며, 도구를 사용하는 AAC 방법을 사용하기 전에 혹은 함께 활용할 수 있다. 도구를 사용하지 않아 간편하며 의사소통에 필요한 인지 능력의 요구 수준이 낮아 학습하기 용이하다. 몸짓언어는 지시적 몸짓, 관습적 몸짓, 표상적 몸짓으로 분류할 수 있다.

몸짓언어의 기대효과	
의사소통 측면	다른 사람과 이해 가능한 방법으로 의사소통 하는 능력을 길러줌
학습 측면	표현의 자발성, 수업 참여도, 학습 동기를 향상시킴
정서 및 행동 측면	문제행동 감소 및 자신감, 자존감을 향상시킴

CHAPTER 05

특수교육공학

특수교육학 키워드를 효율적으로 인출하여 약점 극복하기

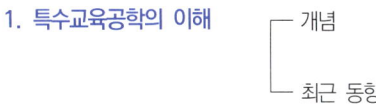

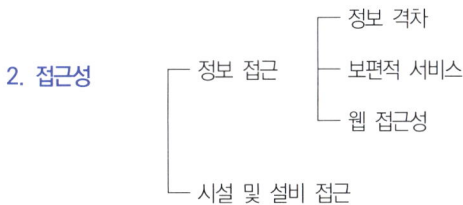

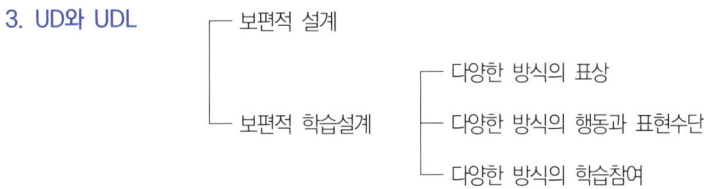

특수교육공학 구조도

특수교육학 키워드를 효율적으로 인출하여 약점 극복하기

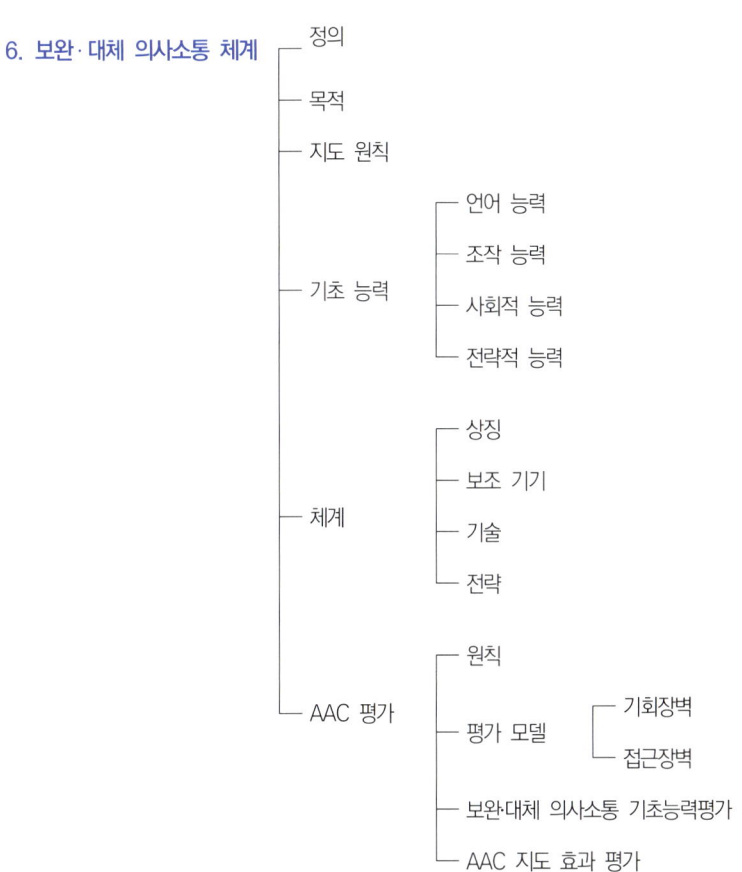

05 특수교육공학

KEYWORD LIST

01 웹 콘텐츠 접근성 지침
02 보편적 설계(UD)와 보편적 학습설계(UDL)
03 UD와 UDL 비교
04 차별화 교수
  - UDL을 적용한 교수
05 다양한 방식의 표상제공
06 다양한 방식의 행동과 표현수단 제공
07 다양한 방식의 학습참여 제공
08 컴퓨터보조수업(CAI) 유형
09 보조공학의 연속성
10 보조공학 사정의 원칙
11 인간 활동 보조공학 모델
12 SETT 구조 모델
13 보조공학 숙고 과정 모델
14 보조공학 전달체계
15 윈도우 접근성 센터
16 키가드
17 확대 키보드와 미니 키보드
18 조이스틱과 트랙볼
19 단어 예견 프로그램
20 AAC 사용자의 의사소통 역량
21 AAC 체계 - 상징
22 상징 선택 시 고려 요소
23 AAC 체계 - 도구
24 AAC 체계 - 직접 선택
25 시간 활성화
26 해제 활성화
27 평균(여과) 활성화
28 간접 선택
29 행렬 스캐닝
30 자동 훑기
31 단계적 훑기
32 반전 훑기
33 시각적 스캐닝
34 청각적 스캐닝
35 메시지 확인하기 전략
36 참여모델
37 AAC 기초능력 평가
38 AAC 지도 효과 평가
39 AAC 상징 배열 및 구성
  - 문법적 범주 이용
40 AAC 상징 배열 및 구성
  - 의미론적 범주 이용
41 AAC 상징 배열 및 구성
  - 환경/활동 중심 구성

01 웹 콘텐츠 접근성 지침

인식의 용이성	사용자가 장애 유무 등에 관계없이 웹 사이트에서 제공하는 모든 콘텐츠를 동등하게 인식할 수 있도록 제공	
운용의 용이성	사용자가 장애 유무 등에 관계없이 웹 사이트에서 제공하는 모든 기능들을 운용할 수 있도록 제공	
이해의 용이성	사용자가 장애 유무 등에 관계없이 웹 사이트에서 제공하는 콘텐츠를 이해할 수 있도록 제공	
견고성	사용자가 콘텐츠를 이용할 수 있도록 기술에 영향을 받지 않아야 함	

원칙	지침	검사 항목
인식의 용이성	1.1 (대체 텍스트)	1.1.1 적절한 대체 텍스트 제공
	1.2 (멀티미디어 대체 콘텐츠)	1.2.1 자막 제공
	1.3 (적응성)	1.3.1 표의 구성
		1.3.2 콘텐츠의 선형구조
		1.3.3 명확한 지시사항 제공
	1.4 (명료성)	1.4.1 색에 무관한 콘텐츠 인식
		1.4.2 자동재생 금지
		1.4.3 텍스트 콘텐츠의 명도 대비
		1.4.4 콘텐츠 간의 구분
운용의 용이성	2.1 (입력장치 접근성)	2.1.1 키보드 사용 보장
		2.1.2 초점 이동과 표시
		2.1.3 조작 가능
		2.1.4 문자 단축키
	2.2 (충분한 시간 제공)	2.2.1 응답시간 조절
		2.2.2 정지 기능 제공
	2.3 (광과민성 발작 예방)	2.3.1 깜빡임과 번쩍임 사용 제한
	2.4 (쉬운 내비게이션)	2.4.1 반복 영역 건너뛰기
		2.4.2 제목 제공
		2.4.3 적절한 링크 텍스트
		2.4.4 고정된 참조 위치 정보
	2.5 (입력 방식)	2.5.1 단일 포인터 입력 지원
		2.5.2 포인터 입력 취소
		2.5.3 레이블과 네임
		2.5.4 동작기반 작동
이해의 용이성	3.1 (가독성)	3.1.1 기본 언어 표시
	3.2 (예측 가능성)	3.2.1 사용자 요구에 따른 실행
		3.2.2 찾기 쉬운 도움 정보
	3.4 (입력 도움)	3.4.1 오류 정정
		3.4.2 레이블 제공
		3.4.3 접근 가능한 인증
		3.4.4 반복 입력 정보
견고성	4.1 (문법 준수)	4.1.1 마크업 오류 방지
	4.2 (웹 어플리케이션 접근성)	4.2.1 웹 애플리케이션 접근성 준수

02 보편적 설계(UD)와 보편적 학습설계(UDL)

보편적 설계란 가능한 기능적 능력으로 가장 광범위한 범주의 사람들에 의해 사용 가능한 제품과 서비스를 디자인하고 전달하는 개념 또는 철학을 의미하고, 보편적 학습설계란 다양한 특성을 가진 모든 학생이 동등하게 교육과정에 접근하고 참여하는 과정을 통해 바람직한 교육적 결과를 극대화할 수 있도록 계획 단계부터 학생들의 일반성과 특수성을 고려하는 설계다.

03 UD와 UDL 비교

구분	보편적 설계(UD)	보편적 학습설계(UDL)
접근과 참여 수단	추가적인 조정이 필요 없도록 사전에 설계되어야 함	
활용	스스로 사용 가능	학생 스스로 접근 수단을 조정하되, 교사는 학생들의 학습 진도 점검 및 특정 속성 활성화 가능
도전	모든 장벽 제거를 통해 가장 손쉽게 접근할 수 있도록 함	접근의 장벽을 제거하되, 학습자의 분발을 위한 적절한 도전이 있도록 함

04 차별화 교수 - UDL을 적용한 교수

개인화 교수라고도 하며, 서로 다른 학생의 학습 요구 속도에 맞추어지고, 학습 선호와 특정한 관심에 맞추어진 교수이다. 완전히 개인화된 학습 환경에서 학습 목표, 내용, 방법, 속도는 모두 다를 수 있다.

교사는 보편적 학습설계의 원칙을 적용하여 교사의 내용 제시, 학생의 수업 참여 성과물, 수업 참여를 위한 교수방법을 다양화한다. 학습자의 다양성과 개인화된 학습을 반영하여 다양한 학습자를 지원하고, 개인화된 선택과 개별 학생들마다 옵션을 동시에 제공한다.

05	다양한 방식의 표상제공	인지적 네트워크를 형성하기 위해 인지 방법의 다양한 선택, 언어, 기호의 다양한 선택, 이해를 돕기 위한 다양한 선택을 제공하여 학습자원이 풍부하고 지식을 활용할 수 있는 학습자가 되는 것에 목적이 있다.
06	다양한 방식의 행동과 표현수단 제공	전략적 네트워크를 형성하기 위해 신체적 표현방식에 따른 다양한 선택, 표현과 의사소통을 위해 다양한 선택, 실행기능을 위한 다양한 선택을 제공하여 전략적이고 목표 지향적인 학습자가 되는 것에 목적이 있다.
07	다양한 방식의 학습참여 제공	정서적 네트워크를 형성하기 위해 흥미 유발을 위한 다양한 선택, 지속적인 노력과 끈기를 돕는 선택, 자기조절을 키우기 위한 선택을 제공하여 목적의식과 학습동기가 뚜렷한 학습자가 되는 것에 목적이 있다.

08	컴퓨터보조 수업(CAI) 유형	반복연습형	주어진 과제를 반복 학습하여 속도, 정확성을 향상시키고 숙련도를 높임
		개인교수형	새로운 지식이나 기술을 가르치고 확인하고 강화해주어 스스로 학습하게 함
		시뮬레이션형	비용이나 위험 부담이 높은 학습과제를 실제와 유사한 현상을 가상공간을 통해 수행함
		게임형	교육용 소프트웨어에 경쟁, 도전, 흥미 요소를 포함시켜 학습자가 능동적으로 학습에 참여하게 함
		발견학습형	귀납적 방법 접근을 통해 제시된 문제를 시행착오나 체계적 접근법으로 해결함
		문제해결형	도전적인 문제를 해결하기위해 정보와 데이터를 수집함

09	보조공학의 연속성	무공학	물리치료, 작업치료 등 장치와 기기를 포함하지 않는 관련 서비스
		기초공학	의사소통판, 쥐기 보조기구 등 덜 정교화된 장치
		일반공학	휠체어, 비디오 장치 등 덜 복잡한 전기·기계장치
		첨단공학	컴퓨터, 상호작용 멀티미디어 시스템 등 정교한 장치

10	보조공학 사정의 원칙	Bryant는 보조공학 사정에서 3가지 원칙을 제시했다.	
		생태학적 사정	학생을 둘러싼 환경을 평가
		실천적 사정	특정 영역에서 학생이 활용할 수 있는지 평가
		계속적 사정	보조공학 제공 후 지속적으로 만나서 평가

11	인간 활동 보조공학 모델	인간	신체, 인지, 정서 숙련 정도 관련 요소
		활동	자기보호, 노동, 학업 등 보조공학을 활용할 영역
		보조공학	공학적·환경적 인터페이스, 수행 결과 등 외재적 가능성
		맥락	물리적, 사회적, 문화적, 제도적 환경 같은 생태학적 요소
12	SETT 구조 모델	학생	학생이 해야 할 필요가 있는 것을 확인한 후 학생의 능력, 선호도, 특별한 요구에 대한 정보를 수집함
		환경	물리적 환경에 존재하는 것들을 찾아 목록을 작성한함 교수환경 조정, 필요한 교구, 시설, 지원교사, 물리적 환경, 교수적 환경, 공학적 환경에의 접근성 등이 있으며 학생을 지원해주는 사람들에게 도움이 되는 지원자료로 학생의 태도나 기대치와 같은 정보를 수집함
		과제	학생이 수행해야 할 모든 과제를 조사함
		도구	초기 결정과 지속적인 결정에 사용함 가능성이 있는 보조공학을 심사숙고하고 필요한 교수전략을 결정하고 사용 기간 동안 효과성에 대한 점검 방법을 결정함
13	보조공학 숙고 과정 모델	검토	학생의 능력 검토
		개발	연간목표, 목적, 기준 개발 + 보조공학을 통한 목표 달성 여부 확인
		조사	목표를 수행하는 데 필요한 모든 과제를 조사
		평가	모든 과제의 난이도 평가 보조공학은 학생이 과제를 독립적으로 수행할 수 없을 때 사용
		확인	학생에게 맞는 모든 지원과 서비스를 확인해서 정해 놓은 목표와 목적을 달성

14	보조공학 전달체계	① 의뢰 및 접수 ④ 실행 ② 초기 평가 ⑤ 단기 사후지도 ③ 추천 및 보고서 작성 ⑥ 장기 사후지도

> **초기 평가** 초기 평가에서는 욕구파악, 감각, 신체, 인지, 언어에 대한 기술평가, 장치의 특성과 사용자의 욕구/기술 간의 대응을 평가한다.

15	윈도우 접근성 센터	키보드 조작의 편의를 위해 키보드 작동 방법 변경할 수 있다.

고정키 시스템		운동조절 능력의 부족으로 동시에 2개 이상의 키를 누르기 어려울 때 순차적으로 키를 눌러도 작동되도록 기능함
필터키 시스템	탄력키	손떨림이 있는 경우 일정시간이 지나기 전에 반복해서 누른 키를 수용하지 않음
	느린키	가볍게 누른 것은 무시하고 신중하고 강한 압력에 의해 자판을 누르는 경우에 한해 인식함
토글키 시스템		키를 누를 때 청각적 신호를 제공함

16	키가드	운동 신경장애가 있는 사용자가 다른 키를 건드리지 않고 원하는 키를 찾아 정확하게 입력할 수 있게 도와주는 장치로 표준키보드 위에 놓고 사용한다.

17	확대 키보드와 미니 키보드	확대키보드는 개별키 및 전체적인 크기가 표준형보다 큰 키보드로, 정확한 입력을 위해 더 큰 목표 범위가 필요한 소근육운동 조절이 어려운 학생에게 도움이 되며, 모든 키에 접근할 수 있는 충분한 관절운동 범위가 필요하다. 미니키보드는 표준형보다 훨씬 작은 크기의 키보드로, 모든 키에 접근하기 어렵거나 관절운동 범위의 제한이 있는 학생과 한 손만을 사용하는 학생에게 도움이 되며, 관절운동 범위의 제한이 있더라도 정확성이 좋은 경우에는 손가락뿐만 아니라 마우스스틱, 헤드스틱같은 포인팅 장치를 사용할 수 있다.

18	조이스틱과 트랙볼	조이스틱은 마우스와 같이 컴퓨터 화면상의 커서를 이동 및 조작하는 것으로 신체의 다른 부분(관절, 입)으로도 컴퓨터 조절이 가능하다.
		트랙볼은 볼 마우스를 뒤집어 소켓 내에 심어 놓은 형태로 볼을 손가락 및 다른 신체 부위로 굴려 커서를 위치하고 선택을 위해 볼 위 또는 좌·우에 배치되어 있는 단추를 눌러 사용한다.
		트랙볼을 사용하는 대상은 사용자의 운동기능이 낮은 경우, 마우스의 커서를 적절히 다루기 위해 지시하는 기기를 이용하는 경우, 한 손가락만을 이용하여 마우스의 커서를 조정해야 하는 경우, 클릭하는 부분이 떨어져 있는 것을 요구하는 경우 등이 있다.
19	단어 예견 프로그램	사용자가 화면상에 나타난 단어 목록에서 원하는 단어를 선택하여 문장을 완성할 수 있게 하는 프로그램으로, 장점은 쓰기 및 입력 시 생산성과 정확성 증가, 단어 이해 증진을 통한 어휘 사용 기능 증가, 불필요한 키보드 사용 및 조작 감소를 통한 피로감 감소 등이 있다.
20	AAC 사용자의 의사소통 역량	언어능력	AAC 체계에 사용되는 선화, 낱말에 대한 지식
		조작능력	AAC 어휘 갱신하기, 수리 요청하기 등 AAC 도구를 스스로 다루는 능력
		사회적 능력	AAC를 통해 의사소통적 상호작용을 시작, 유지, 확대, 종료하는 능력
		전략적 능력	AAC 체계를 효과적으로 유연성 있게 사용하는 능력

21	AAC 체계 - 상징	구어가 아닌 다른 상징체계로 의미를 전달하는 것을 말하며, 2가지 종류 중 비도구적 상징은 제스쳐, 몸짓언어, 수화 등이 있고 도구적 상징은 도상성이 높은 순서로 실물, 모형, 사진, 그림의사소통상징, 철자 등이 있다.		
22	상징 선택 시 고려 요소	사용자	사용자의 연령, 언어이해도, 상징체계에 대한 이해도 및 선호도를 고려함	
		대화상대자	대화상대자의 연령, AAC에 대한 친숙함 및 이해도, AAC 장소의 특성들을 고려함.	
		상징체계의 언어적 특성 및 사용자에게 필요한 요구 수준	개방성, 확장 가능성, 구어 및 문어와의 일치도 같은 상징체계 자체의 언어적 특성과 상징체계를 사용하기 위해 필요한 인지 및 언어, 운동능력을 고려함	
		현재와 미래에 필요한 상징 선정	현재뿐만 아니라 미래에 요구되는 의사소통 기능을 충족시킬 수 있는 상징을 고려함	
23	AAC 체계 - 도구	상징체계를 담기 위해 제작된 물리적인 도구로, 의사소통 카드와 의사소통판, 음성출력 스위치와 음성출력 카드, 녹음 방식의 AAC 도구, 음성합성 방식의 AAC 도구, AAC 앱 등이 있다.		

AAC 체계 - 기법

	직접선택 24		간접선택 28		
	방법	방법	훑기 (스캐닝)		
			형태	방식	
입력하기	시간 활성화 25 해제 활성화 26 평균(여과) 활성화 27	시각적 스캐닝 33 청각적 스캐닝 34 대화상대자 지원 스캐닝	선형 훑기 원형 훑기 행렬스캐닝 29	자동훑기 30 단계적 훑기 31 반전훑기 32	

24	AAC 체계 - 직접 선택	자신의 의견을 표현해내는 기법의 한 종류로, 스스로 일관성 있게 의도적으로 움직일 수 있는 신체 부분을 사용하여 그림 의사소통판의 상징을 짚거나 상징이 부착된 기기를 누르는 것이다. 이 중 눈 응시방법은 속도가 느려 최후에 고려한다.
25	시간 활성화	직접 선택 방법의 한 종류로, 일정 시간 동안 접촉을 유지하면 선택이 인식되는 방법이다. 물리적 접근이 필요하거나 필요하지 않은 경우 모두 사용 가능하다.
26	해제 활성화	직접 선택 방법의 한 종류로, 화면에 접촉이 유지되는 동안에는 선택이 이루어지지 않지만 어느 항목에서 접촉을 중단하면 그 항목이 선택되는 방법이다. 물리적 접근을 요구하는 화면에만 적용 가능하다.
27	평균(여과)활성화	직접 선택 방법의 한 종류로, 축적된 정보를 평균화하여 포인터가 가장 길게 가리킨 항목을 작동시키는 방법이다. 시간 활성화, 해제 활성화 전략이 어려운 사람과 접촉을 안정적으로 유지하는 데 어려움이 있는 최중도 장애인에게 효과적이다.

28	간접 선택	스캐닝은 신체의 한 부위로 스위치를 눌러 선택하게 하는 방법으로, 직접 선택을 정확하게 하지 못하거나, 선택하는 데 걸리는 속도가 매우 늦거나 피곤해 하는 경우에 사용한다.
29	행렬 스캐닝	훑기 형태의 한 종류로, 선택해야 할 버튼이 많을 때 행과 열 단위로 먼저 선택한 후 선택한 행과 열을 선형 스캐닝하는 것이다. 선형 스캐닝에 비해 빠르게 선택할 수 있다는 장점을 가진다.
30	자동 훑기	훑기 방식의 한 종류로, 커서가 자동으로 움직이면, 선택할 때 스위치를 활성화하면 되는 방법이다. 사용 대상은 스위치를 정확하게 활성화할 수 있으나 활성화를 유지하거나 스위치 누르기를 멈추는 데 어려움을 갖는 사람들에게 유용하다.
31	단계적 훑기	훑기 방식의 한 종류로, 일대일 대응 관계를 통해 스위치를 활성화하면 커서가 한 번에 한 단계씩 움직이고, 선택할 때 스위치의 활성화를 멈추거나 선택을 나타내는 두 번째 스위치를 활성화하는 방법이다. 사용 대상은 운동 조절이나 인지 능력의 제한이 심한 사람들과 전자적인 훑기 조작을 처음 배우는 사람들에게 유용하다. 단계적 훑기가 반복적이고 빈번한 스위치 활성화를 필요로 하기 때문에 복잡한 AAC 체계에 활용될 경우 사용자는 자주 피로감을 느끼게 된다.

32	반전 훑기	훑기 방식의 한 종류로, 사용자가 스위치를 활성화하면 커서가 움직이며, 계속적인 이동을 위해서는 스위치의 활성화 상태를 유지하고 있어야 한다. 이후 선택할 때는 스위치를 비활성화한다. 사용 대상은 스위치 활성화에 어려움을 보이지만, 일단 활성화가 이루어지면 이를 유지하고 스위치를 정확하게 떼어 놓을 수 있는 사람들에게 유용하다.
33	시각적 스캐닝	간접 선택 방법의 한 종류로 의사소통기기에서 불빛이 정해진 순서대로 천천히 이동하다가 원하는 항목에 왔을 때 스위치를 누르거나 소리 내기, 손들기 등으로 선택하는 것이다.
34	청각적 스캐닝	간접 선택 방법의 한 종류로 대화상대자가 의사소통판의 내용을 천천히 말해주면 원하는 항목이 나왔을 때 정해진 신호를 통해 선택하는 것이다. + 대화상대자 지원 스캐닝 　간접 선택 방법의 한 종류로 대화상대자가 질문을 하고 의사소통판에 있는 항목을 선택할 수 있도록 하나씩 읽어주는 것으로 지원하는 방법
35	메시지 확인하기 전략	AAC 체계 중 상징, 도구, 기법을 통해 의사표현을 원활하게 하기 위한 방법인 전략의 한 종류로, 학생의 의사소통 시도에 긍정적인 반응을 보이고 정확한 문장으로 확인해주어 학생의 의사소통 능력을 신장시키는 방법이다.

36	참여모델	AAC를 사용하게 될 학생의 의사소통 기회를 제한하는 요인을 확인하는 것이다.	
		기회 장벽	정책, 실제, 기술, 지식, 태도
		접근 장벽	AAC 사용자의 능력, 태도, 지원, 잠재적인 능력의 제한

37	AAC 기초능력 평가	운동 능력	자세 및 이동 능력과 신체 기능을 평가
		감각 능력	시각과 청각 능력을 평가
		인지 능력	AAC적용과 관련된 기본 인지 능력을 평가
		언어 능력	어휘 이해 정도, 비공식적 언어를 평가

38	AAC 지도 효과 평가	조작적 지표	사용자가 AAC 기술을 얼마나 잘 사용하는가에 대한 지표
		표상적 지표	사용자의 상징 사용 및 문법적 능력에 대한 지표
		상호작용 지표	대화상대자와 상호작용할 수 있는 능력에 대한 지표
		심리사회적 지표	AAC 사용자 및 사용자 주변 사람들의 태도와 정서적 상태에 대한 지표

39	AAC 상징 배열 및 구성 - 문법적 범주 이용	구어의 어순, 문법 기능에 따라 어휘를 배열하며, 문자를 구성하는 능력을 학습할 수 있다.
40	AAC 상징 배열 및 구성 - 의미론적 범주 이용	사람, 장소, 활동 등 의미론적 범주에 따라 상징을 배열하며, 언어적 속성이 적으므로 언어발달이 주요 목표인 경우에는 다른 배열을 함께 사용한다.
41	AAC 상징 배열 및 구성 - 환경/활동 중심 구성	각각의 의사소통판을 특정 환경, 활동에 맞는 어휘들로 구성하는 것으로, 초기 의사소통 방법을 지도하기에 용이하며 활동 참여와 어휘 습득을 증진시킬 수 있다. 활동 수가 늘어날 경우 모든 의사소통 상황에서 자주 사용되는 핵심 어휘 의사소통판과 상황, 때, 장소에 따른 어휘로 구성된 부수 어휘 의사소통판으로 나누어 제시하여 지도할 수 있다.

CHAPTER 06

통합교육

특수교육학 키워드를 효율적으로 인출하여 약점 극복하기

1. 통합교육의 정의 및 개념 이해
   - 정의
   - 목적 및 과정

2. 통합교육의 유형과 분류
   - 배치유형
   - 분류
     - 통합 수준에 따른 분류
     - Kauffman의 분류

3. 협력적 접근
   - 협력적 자문
   - 협력교수
     - 교수-지원
     - 스테이션 교수
     - 평행교수
     - 대안교수
     - 팀교수(상호교수)
   - 협력적 팀 접근
     - 다학문적 접근
     - 간학문적 접근
     - 초학문적 접근

통합교육 구조도

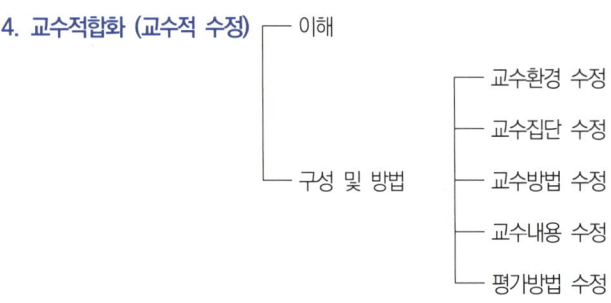

4. 교수적합화 (교수적 수정)
   - 이해
   - 구성 및 방법
     - 교수환경 수정
     - 교수집단 수정
     - 교수방법 수정
     - 교수내용 수정
     - 평가방법 수정

5. 협동학습
   - 학생 팀 학습(STL)
   - 협동적 프로젝트(CP)

6. 또래교수
   - 또래교수
   - 연령에 따른 분류
   - 능력에 따른 분류
   - 방법에 따른 분류

06 통합교육

KEYWORD LIST

01 사회적 통합	12 교육과정 수정 시 유의점	24 튜터와 튜티의 효과
02 교수-지원	13 UDL과 교수적 수정	25 상보적 또래교수
03 스테이션 교수	14 교수적 수정 구성 및 방법	26 상급학생 또래교수와 동급학년 또래교수
04 평행교수	15 다면적 점수화	
05 대안교수	16 평가 조정	27 전문가 또래교수와 역할반전 또래교수
06 팀교수	17 협동학습의 원리	
07 다학문적 접근	18 성취과제 분담학습 (STAD)	28 전학급 또래교수 (CWPT)
08 간학문적 접근	19 팀 경쟁 학습 (TGT)	29 또래지원 학습전략 (PALS)
09 초학문적 접근	20 팀 보조 개별학습 (TAI)	30 전 학급 학생 또래교수팀 (CSTT)
10 조정과 수정	21 과제 분담 학습 II (JigsawII)	
11 중다 수준 교육과정과 중복교육과정	22 자율적 협동학습 (Coop-Coop)	
	23 또래교수 시 교사의 역할	

---

01 사회적 통합 통합되는 학급의 교사와 또래들로부터 학급의 구성원으로 수용되는 것으로, 일반학생과 사회적 접촉의 빈도와 강도를 높인다.

02 교수-지원 한 교사는 교수활동을 전반적으로 주도하고, 다른 한 교사는 아동들의 학업 성취 여부와 행동을 관찰하고, 교실을 순회하며 개별적으로 아동을 지원하는 형태이다.

장점으로 지원이 필요한 아동에게 개별적인 도움을 주고, 수업 내용에 따라 교사의 역할이 바뀔 수 있는 융통성이 있지만,

단점으로 교사의 역할이 수시로 바뀔 때 흐름이 부자연스러워지고, 특수교사가 항상 지원 교사 역할을 하여 조력자로 여겨지기 쉬우며, 학생들은 도움에 대한 의존성이 높아질 수 있다.

03	스테이션 교수	학습 목표를 달성하기 위해 독립적 학습을 포함한 다양한 활동을 할 수 있는 여러 개의 스테이션을 구성하고 두 교사는 각각 정해진 스테이션을 맡아 수업을 진행하는 것으로, 아동들은 소집단으로 스테이션을 돌아다니며 주어진 과제를 수행하는 형태이다.
		장점으로 능동적인 학습 환경을 제시하고, 소그룹으로 주의집중을 증가시키며, 협동과 독립성을 증진시키지만,
		단점으로 많은 계획과 준비가 필요하고, 교실이 시끄러워지며, 전체 학생 활동을 감독하기가 어렵다.
04	평행교수	학급을 두 개의 집단으로 나누고 두 명의 교사가 각각 하나의 집단을 맡아 동일한 내용을 가르치는 것으로, 대부분 이질 집단으로 나누어 운영되지만, 필요한 경우 동질 집단으로 나누어 아동들의 수준에 적합한 교육을 실시할 수 있다.
		주로 도입에서 대집단, 전개에서 평행교수, 정리에서 대집단 형태로 진행되며, 장점으로 효과적인 복습이 가능하고, 교사 대 학생 비율이 낮아 학생들의 반응을 독려할 수 있지만,
		단점으로 동일한 수준의 내용을 성취하기가 어렵고, 교사 간 속도를 점검해야 하며, 집단 간 과도한 경쟁이 유발될 수 있다.
05	대안교수	학급을 하나의 대집단과 소집단으로 나누어 두 교사가 각각 하나의 집단을 맡아 교수하는 것으로, 소집단은 주로 집중적인 교육이 필요한 아동들로 이루어진다.
		협력교사들은 학생들이 특정집단에 참여됨으로써 낙인이 찍히는 것을 예방하기 위해 학생들을 혼합집단으로 구성하여 교수활동을 제공하여 모든 학생들이 대안교수 시간에 두 집단 모두 참여할 기회를 가지도록 한다.
		장점으로 심화 및 보충학습의 기회를 제공하고, 개인과 전체 학급의 속도를 맞출 수 있지만,
		단점으로 분리된 학습 환경을 조성하고, 학생들을 고립시킬 수 있다.

06	팀교수	두 교사가 대집단을 동시에 교수하는 것으로, 한 교사가 개념을 설명하면, 다른 교사는 소개된 개념에 대한 적절한 예와 부연설명이나 개념을 익히는 데 사용되는 전략을 소개한다. 장점으로 동등한 책임을 가지고, 역할과 교수 내용을 공유하며, 학업, 사회성에서의 행동모델을 보여줄 수 있지만, 단점으로 많은 계획과 모델링, 역할놀이 기술이 필요하다.
07	다학문적 접근	각 영역의 전문가들이 독립적으로 각각의 진단도구나 방법을 사용해서 진단하고 결과를 보고하는 협력 모델로, 장점으로 서비스 계획과 제공에 하나 이상의 전문 영역이 참여하지만, 단점으로 통일된 접근이 어렵고, 응집력 및 기여도가 부족하며, 가족들에게 부담이 되고 혼돈을 일으킬 수 있다.
08	간학문적 접근	각 영역의 전문가들이 독립적으로 작업을 하지만, 그 과정과 결과의 보고는 서로 의사소통을 통해 정보를 교환하여 협력적인 진단을 하는 협력 모델로, 다학문적 진단과는 달리 가족이 팀의 구성원으로 참여하게 된다. 장점으로 정보를 공유하고, 활동과 교육목표가 다른 영역을 보충할 수 있지만, 단점으로 고집, 독단이 협력을 위협하고, 실질적 진단은 독립적으로 수행하여 결과에 있어 차이가 난다.
09	초학문적 접근	팀의 모든 구성원들이 진단과 교육계획에 함께 책임을 지고 참여하는 협력 모델로, 대표적인 진단방법으로 각 영역의 전문가들이 동시에 대상자를 진단하는 원형진단이 있다. 특징으로 학생에게 주어지는 교육서비스는 가족의 선택이 우선적으로 고려되는 가족의 중심적인 역할을 강조한다는 점과 역할 전이가 있다. 장점으로 전문가 간 상호작용이 활성화되고, 통일된 중재 계획을 제공하며, 역할 전이를 권장하지만, 단점으로 다양한 전문가 참여가 요구되고, 고도의 상호작용이 필요하며, 많은 시간을 소모해야 한다.

10	조정과 수정	교수적 수정의 2가지 유형으로 조정과 수정이 있다. 조정은 장애학생이 통합학급 수업 및 교수 활동에 참여할 수 있도록 교수적 지원 및 기회를 제공하되, 방법상의 변화와 같은 교수, 평가 절차를 변경하는 것이고, 수정은 표준적인 학년 목표에 도달할 수 없을 것이라는 판단으로 장애학생의 IEP에 준하여 통합학급의 교수 목표 및 내용, 학생의 수행 수준 및 성취 기준에 대한 기대를 변경하는 것이다.
11	중다 수준 교육과정과 중복교육과정	중다 교육과정은 같은 영역, 다른 목표를 중복 교육과정은 다른 영역, 다른 목표를 설정한다.
12	교육과정 수정 시 유의점	교육과정 수정은 장애학생의 개별적인 요구를 반영한 IEP의 목표와 연계되도록 하며, 통합학급에서 장애학생의 강점이 드러나고 또래에게 인정받을 수 있는 기회를 제공하도록 한다.
13	UDL과 교수적 수정	보편적 학습설계는 다양한 학생들의 특성 및 요구를 파악하고 모든 학생을 위한 교육활동의 접근, 참여, 진보를 지원하는 사전 수업계획이며, 교수적 수정은 개인에게 필요한 지원을 제공하는 개별화된 수업이다.

14 교수적 수정 구성 및 방법

교수환경의 수정	물리적 환경, 사회적 환경
교수집단의 수정	협동학습, 또래교수
교수방법의 수정	교수활동의 수정, 교수전략의 수정, 교수자료의 수정
교수내용의 수정	동일 적용 교육과정, 중다 수준 교육과정, 중복 교육과정, 대체 교육과정
평가방법의 수정	대체 평가, 평가 조정

15 다면적 점수화

대체 평가 방법의 한 종류로, 학생은 능력, 노력, 성취와 같은 영역에서 평가되고 점수를 받는다.

16 평가 조정

장애로 인한 불이익 없는 평가, IEP에 따른 평가, 통합학급 수업의 일환으로 평가 참여 경험 등의 이유로 평가의 본래 목적을 해치지 않는 범위에서 평가를 조정하는 것이다.

제시 형식의 조정	점자, 확대 시험지, 확대경의 사용, 지시사항 소리 내어 읽어주기 등
시험 환경의 조정	칸막이 책상에서 혼자 시험 보기, 소집단으로 시험 보기 등
반응 형식의 조정	시험지에 답 표시하기, 답 쓰기 위한 틀 사용하기, 구두로 답하기 등
시험 시간의 조정	추가시간 제공, 휴식시간 더 많이 주기, 시험기간 연장하기 등

17	협동학습의 원리	긍정적 상호의존	집단의 각 구성원이 하는 일은 모든 구성원의 성공에 기여한다.
		개별 책무성	각자 해야 할 공적인 임무가 있다.
		동등한 참여	참여 기회가 똑같다.
		동시다발적 상호작용	한 순간에 많은 학생들이 능동적으로 참여한다.

> **암기 Tip!** 협동학습의 종류는 전 과정을 알아두되, 유형별 대표 특징 암기하기!

18	성취과제 분담학습 (STAD)	단계	① 교사의 수업안내　　　④ 개별·팀별 향상점수 ② 소집단 학습　　　　　⑤ 집단 점수의 게시와 보상 ③ 형성평가
		특징	개인의 성취에 대한 개별보상과 개인의 성취에 대해 팀 점수가 가산되어 집단보상이 주어진다. 팀 점수는 팀원의 개별 향상점수 총합의 평균점수이다.

19	팀 경쟁 학습 (TGT)	단계	① 교사의 수업안내　　　③ 토너먼트 게임 ② 소집단 학습　　　　　④ 집단점수의 게시와 보상
		특징	게임의 형식이기 때문에 학습자들의 흥미를 유발하고, 개별 성적을 내지 않고, 게임 성적에 따라 테이블을 옮겨 가는 범핑 체계를 사용하여 학습동기를 강화시킨다.

20	팀 보조 개별학습 (TAI)	단계	① 집단 구성과 배치검사　④ 집단교수 ② 학습 안내지와 문항지 배부　⑤ 집단점수와 집단보상 ③ 집단학습
		특징	학습 안내지와 함께 기능훈련문항지, 형성평가지, 단원평가 문항지와 정답지 등이 배부된다. 수준에 적합한 학습이 가능하며, 집단보상을 위한 집단점수는 각 집단 구성원이 해결한 평균 단원 수와 단원 평가의 점수를 기록해서 계산한다.
21	과제 분담 학습Ⅱ (JigsawⅡ)	단계	① 수업안내　④ 원집단에서 팀원과의 협동학습 ② 원집단 구성 및 개인별 전문 과제 부여　⑤ 개인별·팀별 점수 계산 ③ 전문가 집단에서 협동학습　⑥ 팀 점수 게시와 보상
		특징	개인 점수는 각 학생의 기본점수보다 향상된 점수, 팀점수는 팀원의 개별 향상점수 총합의 평균 점수이다.
22	자율적 협동학습 (Coop-Coop)	단계	① 학생 중심 학습토론　⑥ 소주제 준비 ② 학습집단의 선택　⑦ 소주제 발표 ③ 집단 세우기와 협동적 기술 계발　⑧ 집단 발표 준비 ④ 집단 주제 선택　⑨ 집단 발표 ⑤ 소주제 선택　⑩ 반성과 평가
		특징	학생들이 학습주제와 집단에 대한 선택권을 갖게 되어 자율성과 학습에 대한 내재적 동기 및 책무성을 높일 수 있다.

23	또래교수 시 교사의 역할	또래 교수자 및 또래 학습자의 역할에 대해 사전 교육을 실시하고, 또래 교수 과정을 정기적으로 점검하고 구체적인 피드백을 제공하며, 교실을 순회하며 문제가 있는 부분은 수시로 전체 학급을 대상으로 교정한다.
24	튜터와 튜티의 효과	**튜터** - 자신의 능력 발휘 - 가르치는 내용에 대한 폭넓은 학습 이해 - 책임감 **튜티** - 문제행동 감소 - 개별화된 교수 - 동기유발 - 교수자와 학습자 간 차이 감소 - 학업적 기술 습득
25	상보적 또래교수	능동적 상호 작용을 위한 초인지 교수전략의 일종으로, 튜터와 튜티의 역할을 바꾸는 교수형태이며, 학습내용에 대한 이해력과 자기 점검 능력을 향상시킨다.
26	상급학생 또래교수와 동급학년 또래교수	상급학생 또래교수는 연령이 더 많은 상급학생이 또래교수자가 되어 연령이 더 적은 하급학생을 교수하는 형태이고, 동급학년 또래교수는 동학년 학생이 또래교수자가 되어 교수하는 형태이다.

27	전문가 또래교수와 역할반전 또래교수	전문가 또래교수는 학업능력이 뛰어난 학생이 또래교수자가 되어 학업능력이 낮은 학생을 교수하는 형태이고, 역할반전 또래교수는 장애학생이 또래교수자가 되어 교수하는 형태로, 사회적 통합과 장애 개념을 향상할 수 있다.
28	전학급 또래교수 (CWPT)	학급 전체가 두 팀으로 나누어지고 학생들은 두 팀에 임의적으로 할당되어 또래교수자, 또래학습자의 역할을 수행하고 정해진 시간이 끝나면 역할을 바꾸어 수행하는 형태이다.
29	또래지원 학습전략 (PALS)	튜터와 튜티 간 고도로 구조화된 활동과 역할의 상보성이 특징으로 읽기 유창성과 독해 활동에 활용한다. PALS 3단계 파트너 읽기 – 단락 줄이기 – 예측릴레이
30	전 학급 학생 또래교수팀 (CSTT)	학생들이 이질적인 학습집단에 배치되어 한 명의 튜터와 다수의 튜티 형태로 교수하는 형태로, 튜터의 역할은 집단 내에서 교대로 돌아간다.

CHAPTER 07

행동지원

특수교육학 키워드를 효율적으로 인출하여 약점 극복하기

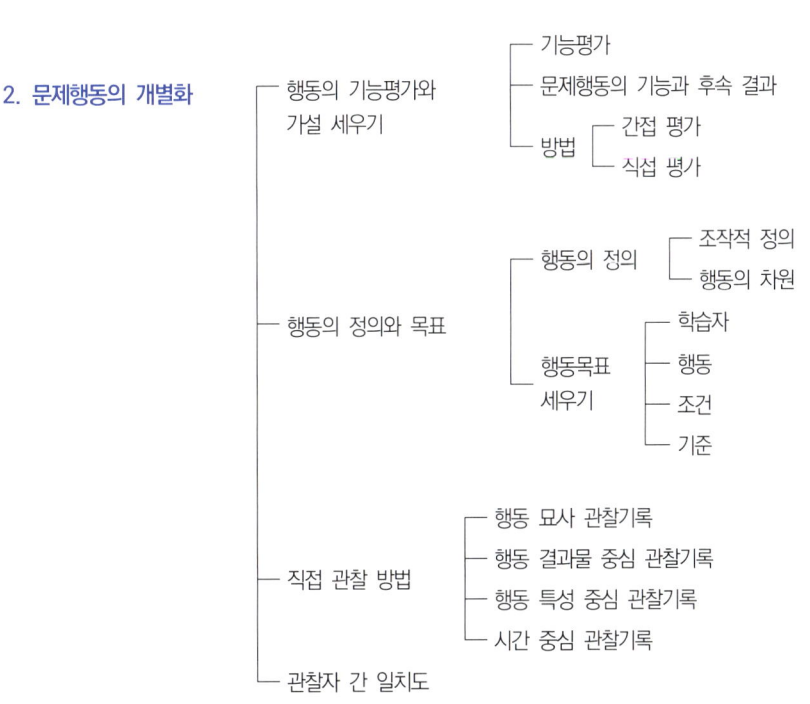

행동지원 구조도

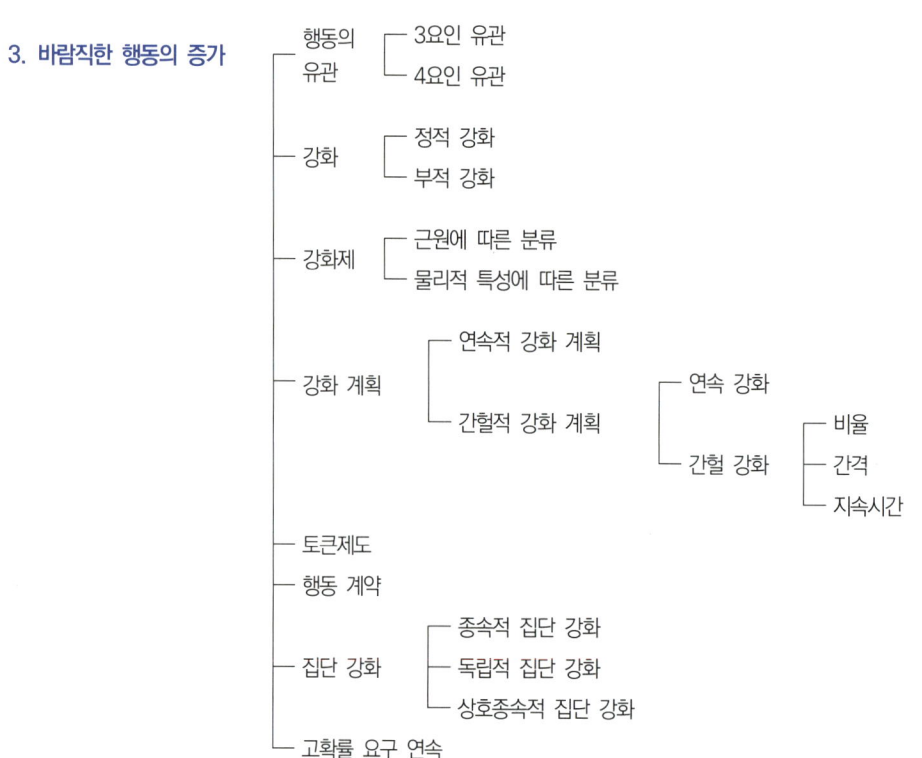

특수교육학 키워드를 효율적으로 인출하여 약점 극복하기

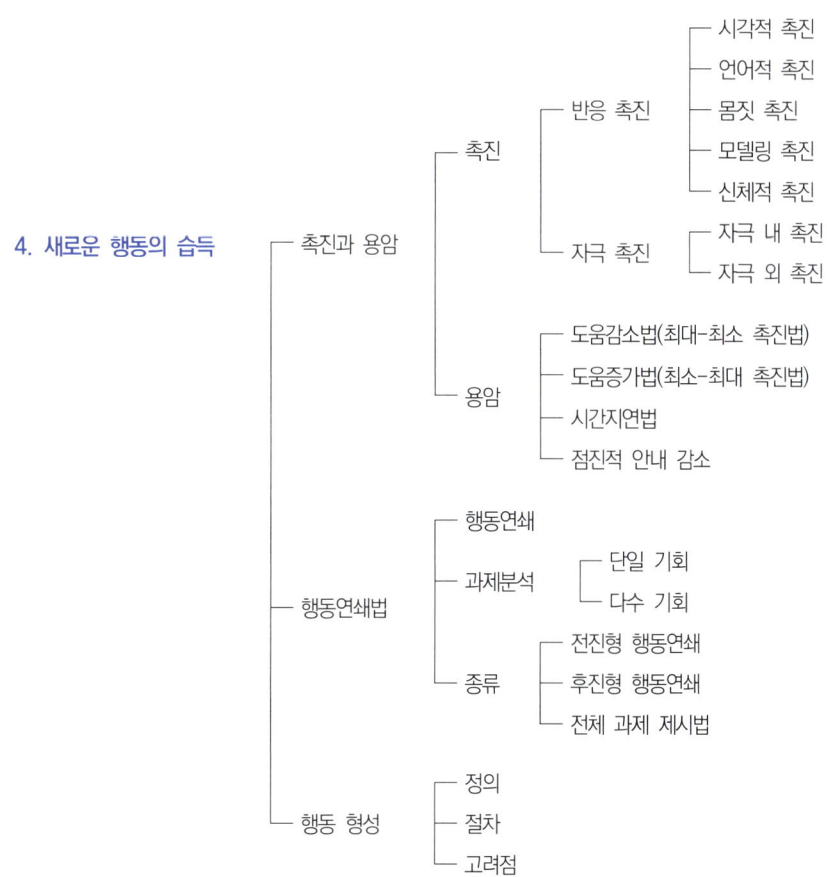

행동지원 구조도

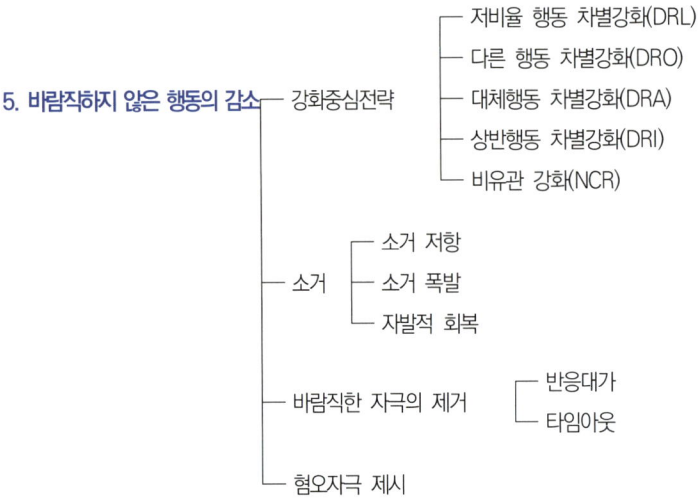

특수교육학 키워드를 효율적으로 인출하여 약점 극복하기

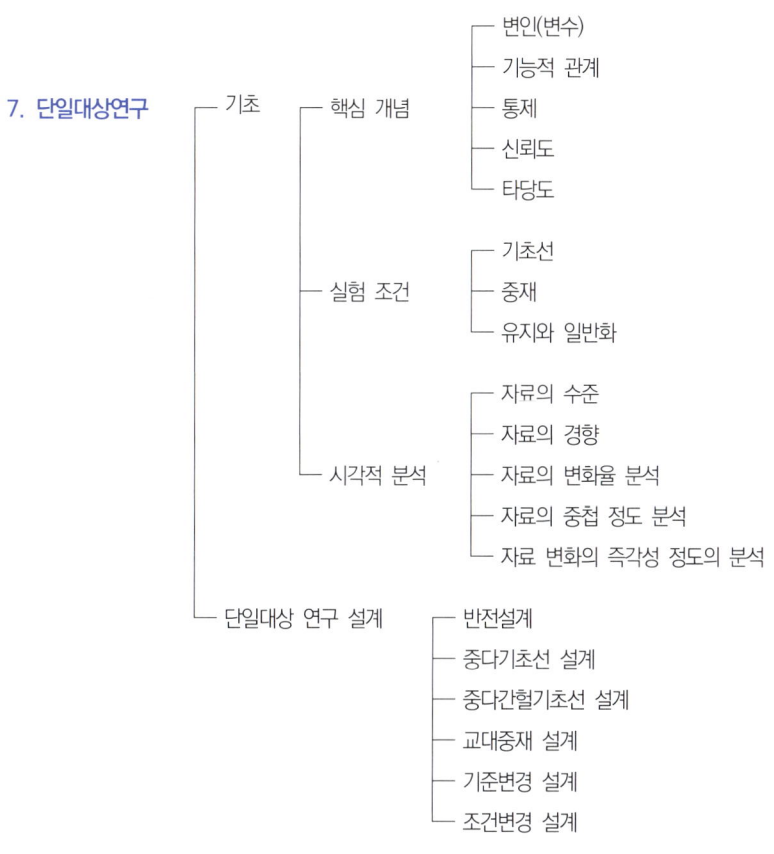

7. 단일대상연구
   - 기초
     - 핵심 개념
       - 변인(변수)
       - 기능적 관계
       - 통제
       - 신뢰도
       - 타당도
     - 실험 조건
       - 기초선
       - 중재
       - 유지와 일반화
     - 시각적 분석
       - 자료의 수준
       - 자료의 경향
       - 자료의 변화율 분석
       - 자료의 중첩 정도 분석
       - 자료 변화의 즉각성 정도의 분석
   - 단일대상 연구 설계
     - 반전설계
     - 중다기초선 설계
     - 중다간헐기초선 설계
     - 교대중재 설계
     - 기준변경 설계
     - 조건변경 설계

8. 자기관리 기술
   - 목표
   - 장점
   - 자기관리 기술
     - 선행사건 변화시키기
     - 목표설정
     - 자기기록
     - 자기평가
     - 자기강화
     - 자기교수

07 행동지원

KEYWORD LIST

01 긍정적 행동지원의 주요 요소
02 문제행동의 우선순위화
03 기능평가
04 가설 수립
05 행동의 조작적 정의
06 PBS 계획 수립과 실행
07 학교 차원의 긍정적 행동지원 체계
08 학교 차원의 긍정적 행동지원의 핵심요소
09 문제행동의 기능
10 면담
11 행동분포 관찰기록지 (산점도)
12 일화 관찰기록
13 ABC 관찰기록
14 행동의 7가지 차원
15 행동목표 세우기
16 행동 결과물 중심 관찰기록
17 사건기록법
18 지속시간 기록법
19 지연시간 기록법
20 반응기회 관찰기록
21 기준치 도달 관찰기록
22 전체 간격 기록법
23 부분 간격 기록법
24 순간 표집법
25 관찰자 간 일치도 (IOA)
26 관찰자 일치도에 영향을 미칠 수 있는 것
27 동기조작
28 자극통제
29 정적 강화와 부적 강화
30 정적 벌과 부적 벌
31 1차적 강화제와 2차적 강화제
32 가시적 강화자극
33 활동 강화자극
34 일반화된(조건) 강화자극
35 사회적 강화자극
36 연속 강화계획과 간헐 강화계획
37 비율 강화계획
38 간격 강화계획
39 반응지속시간 강화계획
40 토큰제도
41 토큰제도 누적 방지 방법 및 효과적 사용
42 행동계약
43 행동계약 구성요소
44 종속적 집단강화
45 독립적 집단강화
46 상호종속적 (의존적) 집단강화
47 고확률 요구연속
48 촉진과 용암
49 반응촉진
50 자극촉진
51 자연적 촉진
52 동시촉진 (0초 촉진)
53 도움감소법과 도움증가법
54 시간지연법
55 점진적 안내 감소와 그림자법
56 행동연쇄
57 전진형 행동연쇄
58 후진형 행동연쇄
59 전체과제 제시법
60 행동형성
61 최소 강제 대안의 원칙
62 저빈도 행동 차별강화 (DRL)
63 다른 행동 차별강화 (DRO)
64 대체행동 차별강화 (DRA)
65 상반행동 차별강화 (DRI)
66 비유관 강화 (NCR)
67 소거
68 소거 적용 시 주의점
69 반응대가와 타임아웃
70 과잉교정
71 학습단계
72 자극 일반화
73 반응 일반화
74 유지 전략
75 연구설계의 신뢰도
76 연구설계의 타당도
77 시각적 분석
78 ABAB 설계
79 중다기초선 설계
80 중다간헐기초선 설계
81 교대중재설계
82 기준변경설계
83 조건변경설계
84 자기 기록 (자기 점검)
85 자기 평가와 자기 강화

01 긍정적 행동지원의 주요 요소

긍정적 행동지원은 문제행동을 지닌 아동들을 위한 효과적이면서 개별화된 중재를 개발하기 위해 진단을 근거로 하는 협력적인 접근이다.

구성 요소	① 생태학적 접근 ② 진단 기반의 접근 ③ 맞춤형 접근 ④ 예방 및 교육 중심의 접근	⑤ 삶의 방식 및 통합 중심의 접근 ⑥ 종합적 접근 ⑦ 팀 접근 ⑧ 대상을 존중하는 접근

02 문제행동의 우선순위화

문제행동이 학생 자신과 타인에게 어느 정도 해가 되느냐를 선정기준으로 하여 우선순위를 정한다.

1순위 파괴적 행동	자신, 타인에게 해가 되거나 위협이 되는 행동
2순위 방해하는 행동	학습에 부정적 영향, 타인과의 긍정적 상호작용 방해, 파괴행동으로 발전할 가능성이 있는 행동
3순위 가벼운 방해 행동	타인으로부터 사회적 수용을 어렵게 하고 자신의 이미지에 부정적 영향을 주어 방해행동으로 발전할 수 있는 행동

03 기능평가

문제행동에 대한 정보를 수집하는 단계이다.

구분	간접 평가	직접관찰평가
유형	표준화된 평정척도, 체크리스트	산점도, 일화기록, ABC 관찰기록지
장점	자세한 진단의 필요 여부와 다양한 시간대와 환경에 대한 정보를 수집할 수 있음	행동 발생 당시의 구체적인 정보를 수집할 수 있음
단점	구체적인 정보를 얻기 어려움	시간이 많이 걸리고 직접 관찰이 다른 일과에 방해가 될 수 있음

04 가설 수립

정보를 종합하고 분석하여 문제행동이 가장 잘 발생하는 상황을 묘사할 수 있는 검증 가능한 가설을 만든다. 가설에는 아동의 이름, 선행사건, 문제행동, 문제행동의 기능을 포함한다.

05 행동의 조작적 정의

조작적 정의란 행동을 관찰 가능하고 측정 가능한 용어로 정의하는 것으로, 표적 행동의 정확한 양과 강도 등을 조사하기 위해 행동을 조작적으로 정의하고 직접 관찰 자료를 수집한다. 직접 관찰만으로 가설을 만들기 어려우면 기능분석을 실시할 수 있다.

06 PBS 계획 수립과 실행

선행 및 배경사건 중재	- 선행 및 배경사건 수정 또는 제거 - 바람직한 행동을 유발하는 긍정적인 선행 및 배경사건 적용
대체행동 교수	- 문제행동과 동일한 기능을 수행하는 대체행동 지도 - 어려운 상황에 대처할 수 있는 기술 및 인내심 지도 - 전반적인 능력 신장을 위한 일반적인 기술 지도
문제행동에 대한 반응	- 문제행동으로 인한 성과 감소 - 교육적 피드백 제공 및 논리적인 후속결과 제시 - 위기관리 계획 계발
장기적 지원	- 삶의 양식을 변화 - 지속적인 지원을 위한 전략 수행

07 학교 차원의 긍정적 행동지원 체계

단계	대상	중재	효과
1차 예방	모든 학생과 교직원	질 높은 학습 환경 제공(보편적 중재)	발생률 감소
2차 예방	1차 예방에 적절히 반응하지 않거나 고위험 문제행동으로 발전할 가능성이 있는 문제행동(위험행동)	소집단 중재 (1차 예방의 중재와 연계)	출현율 감소 (문제 행동의 빈도나 강도)
3차 예방	1차, 2차의 예방적 노력에도 불구하고 여전히 존재하는 문제행동(고위험 행동)	구체적이고 개별화된 중재 (1차 예방의 중재와 연계)	문제행동의 강도나 복잡성 감소

위기관리계획 문제행동 감소가 아닌 대상 학생 및 타인 보호 등 문제행동으로 인한 위기 및 응급 상황에 대비한 절차 수립

08	학교 차원의 긍정적 행동지원의 핵심요소	체계	자료의 효율적인 사용, 정확하고 지속가능한 실제의 실행, 성과의 성취를 위해 필요한 지원, 구성원들에게 필요한 지원을 할 수 있는 조직기반
		자료	체계, 실제, 성과를 선택, 점검, 평가하기 위해 사용되는 정보, 중재 효과를 결정하기 위해 수집되어야 할 정보
		실제	증거 기반의 중재와 전략
		성과	궁극적으로 달성하려고 하는 목표, 학생의 사회적 능력 향상과 학업성취

09	문제행동의 기능	문제행동의 기능은 얻고자 하는 획득과 피하고자 하는 회피가 있으며, 대상으로 감각자극, 관심, 물질/활동 등이 있다.

10	면담	간접평가의 유형인 면담은 대상 학생이나 주변인에게 여러 가지 질문을 하는 방법이다.	
		비구조화 면접	- 특정 지침 없이 많은 재량을 가지고 융통성 있게 질문 - 전반적인 문제 확인, 특정 영역을 심층적으로 다루고자 할 때, 즉각적인 의사결정을 필요로 할 만큼 심각한 상태일 때 활용 - 미리 주제를 정하는 사전계획이 필요
		반구조화 면접	- 미리 준비된 질문 목록을 사용하되 응답 내용에 따라 추가 질문, 질문 순서 변경 등을 하며 질문 - 특정 심리적 관심사나 신체적 문제에 대한 자세한 정보를 얻고자 할 때 활용
		구조화 면접	- 미리 준비된 질문 목록을 순서에 따라 정확하게 질문, 재량 및 융통성 없음 - 진단을 내리거나 연구를 위한 자료를 얻고자 할 때 활용 - 개발되어 있는 표준화도구 사용

11	행동분포 관찰기록지 (산점도)	직접관찰평가의 한 유형으로, 문제행동이 자주 발생하는 시간과 발생하지 않는 시간대를 시각적으로 쉽게 알아볼 수 있어 자세한 정보를 수집해야 할 시간대를 결정하는 데 도움을 주지만 구체적인 정보는 제공하지 않는다.
12	일화 관찰기록	직접관찰평가의 한 유형으로, 비공식적인 방법이며, 교사는 관찰 대상 학생의 모든 상황을 모두 기록한다. 기록할 때는 상황에 대한 정보, 관찰대상 학생 및 주변인의 말과 행동 등을 기록하며 실제 일어난 사실과 학생의 행동에 대한 관찰자의 해석은 구별하여 기록한다.
13	ABC 관찰기록	문제행동의 선행사건, 문제행동, 후속결과를 시간의 흐름에 따라 직접 관찰하며 기록하는 방법으로, 문제행동에 영향을 미치는 변수들을 찾을 수 있다.
14	행동의 7가지 차원	① 빈도 ⑤ 위치 ② 비율 ⑥ 형태 ③ 지속시간 ⑦ 강도 ④ 지연시간

15	행동목표 세우기	학습자	행동을 변화시켜야 할 필요가 있는 개별 아동
		행동	관찰, 측정, 반복이 가능한 용어로 정의한 행동
		조건	환경적 상황, 사용될 자료, 도움의 정도, 구어적/문어적 지시를 포함한 조건
		기준	빈도, 지속시간, 지연시간, 비율을 포함한 기준

16	행동 결과물 중심 관찰기록	영속적 행동결과 기록이라고도 하며 결과물을 관찰하고 기록하는 방법이다. 장점으로 실시간으로 관찰하지 않아도 되고 수량화할 수 있지만, 단점으로 즉시 기록하지 않으면 다른 사람이 행동의 결과를 훼손할 수 있고 비교하기 어려우며 행동의 강도, 형태, 시간 등을 파악하기 어렵다.

17	사건기록법	전체 관찰시간을 짧은 시간 간격으로 구분하여 하나의 간격 안에 발생한 행동 빈도를 기록하는 방법으로, 장점으로 어느 시간 간격에서 행동이 가장 많이 발생하는지 파악할 수 있지만, 단점으로 빈도만 가지고는 형태를 파악하기는 어려우며, 지나치게 짧은 시간 간격으로 자주 발생하거나 오랜 시간에 걸쳐 일어나는 행동은 적용하기 어렵다.
18	지속시간 기록법	표적행동의 시작 시간과 종료 시간을 기록하여 행동이 지속된 시간을 계산하여 기록하는 방법으로, 행동의 강도는 설명해주지 못한다. **지속시간 기록법을 통해 확인할 수 있는 결과** | 전체 관찰시간	관찰시간의 합
---	---
전체 지속시간	표적행동 지속시간의 합
평균 지속시간	전체 지속시간 ÷ 표적행동 발생 횟수
지속시간 백분율	전체 지속시간 ÷ 전체 관찰시간 × 100	
19	지연시간 기록법	선행사건과 표적행동 발생 사이에 지연되는 시간을 계산하여 기록하는 방법으로, 전체 지연시간을 선행사건 횟수로 나누어 평균 지연시간을 구할 수 있다.
20	반응기회 관찰기록	통제제시 기록법이라고도 하며, 행동의 기회가 주어졌을 때 표적행동의 발생 유무를 기록하는 방법으로, 표적행동 발생 횟수를 기회 횟수로 나누고 100을 곱하여 퍼센트로 기록한다.

21	기준치 도달 관찰기록	도달해야 할 기준이 설정되어 있을 때, 기준치 도달 여부를 기록하는 방법이다.
		예시 교사의 지시 3초 내에 지시 수행하기 연속 3회
22	전체 간격 기록법	관찰시간을 짧은 시간 간격으로 나누어 하나의 시간 간격 전체에서 행동이 지속적으로 발생했는지 관찰하여 기록하는 방법으로, 행동이 발생한 시간 간격의 수를 전체 시간 간격의 수로 나누고 100을 곱하여 백분율을 기록한다.
23	부분 간격 기록법	관찰시간을 짧은 시간 간격으로 나누어 하나의 시간 간격 동안 행동이 최소한 1회 이상 발생했는지 관찰하여 기록하는 방법으로, 행동이 발생한 시간 간격의 수를 전체 시간 간격의 수로 나누고 100을 곱하여 백분율을 기록한다.
24	순간 표집법	관찰시간을 짧은 시간 간격으로 나누어 각각의 시간 간격이 끝나는 순간에 행동이 발생했는지 관찰하여 기록하는 방법으로, 행동이 발생한 시간 간격의 수를 전체 시간 간격의 수로 나누고 100을 곱하여 백분율을 기록한다.

25	관찰자 간 일치도 (IOA)	사건기록법	총 횟수 IOA(%)	더 적은 총 횟수 ÷ 더 많은 총 횟수 × 100	
			평균 간격당 횟수 IOA(%)	간격 당 IOA 합 ÷ 총 간격 수 × 100	
			정확한 간격당 횟수 IOA(%)	100%일치 간격 수 ÷ 총 간격 수 × 100	
		반응 기회 관찰기록법 (시도 대 시도)	일치한 반응의 수(O, X) ÷ 전체 반응의 수 × 100		
		지속시간 관찰기록법	총 지속시간 IOA(%)	짧은 지속시간 ÷ 긴 지속시간 × 100	
			평균 발생당 지속시간 IOA(%)	행동별 IOA 합 ÷ 총 행동 수 × 100 행동횟수별 IOA 합 ÷ 총 행동 횟수 × 100	
		간격기록법	전체 일치도	적게 발생한 관찰자의 간격 수 ÷ 많이 발생한 관찰자의 간격 수 × 100	
			시간 간격 일치도 (=총 간격 IOA =간격 대 간격 IOA)	일치하는 간격 수 ÷ 전체 간격 수	
			발생 일치도	발생 일치 ÷ (발생 일치 + 불일치)	
			비발생 일치도	비발생 일치 ÷ (비발생 일치 + 불일치)	

26	관찰자 일치도에 영향을 미칠 수 있는 것	관찰과 측정에 대한 반응성	연구 대상	자신의 행동을 관찰하는 것을 의식해서 더 잘하거나 못하게 되는 경우
			관찰자	관찰 일치도를 검사하는 것을 의식해서 관찰 일치도 검사하지 않을 때보다 더 정확한 관찰을 하게 되는 경우
		관찰자의 표류		관찰자의 기준이 점진적으로 바뀌는 경우 관찰자 간 접촉 최소화, 표적 행동의 조작적 정의, 관찰 지침서, 관찰자 훈련 반복 등으로 해결함
		관찰자의 기대		관찰자가 중재 목적을 알거나 관찰에 대한 피드백을 받으면 중재 효과를 의식하여 관찰 기준이 느슨해지는 경우
		관찰의 복잡성		한 관찰자가 여러 행동을 관찰하거나 관찰 과정이 복잡한 경우 일관성 있는 관찰이 어려움

27	동기조작	동기설정조작은 강화제의 강화효과를 높여주어 선행사건을 유도하고, 동기해지조작은 강화제의 강화효과를 낮춰주어 선행사건을 유도한다.
28	자극통제	행동 발생 전에 주어지는 선행자극에 의해 행동이 통제되는 것으로, 특정 변별자극이 있을 때만 아동의 표적행동이 발생하는 경우 해당 변별자극이 표적행동을 자극통제하고 있는 것이다.
29	정적 강화와 부적 강화	정적 강화는 표적 행동 시 유쾌 자극을 제시하여 표적행동의 발생률을 높이는 것이고, 부적 강화는 표적 행동 시 혐오 자극을 제거하여 표적행동의 발생률을 높이는 것이다.
30	정적 벌과 부적 벌	정적 벌은 표적 행동 시 혐오 자극을 제시하여 표적행동의 발생률을 낮추는 것이고, 부적 벌은 표적 행동 시 유쾌 자극을 제거하여 표적행동의 발생률을 낮추는 것이다. **암기Tip!** 자음으로 연결하기 정적-준다/부적-뺏는다.
31	1차적 강화제와 2차적 강화제	1차적 강화제는 학습 없이도 강화제로서 기능하는 것으로, 인간의 생존을 위해 필수적인 자극들이기 때문에 행동에 즉각적으로 영향을 미친다. 무조건적 정적 강화제는 음식, 수면 등이 있고 무조건적 부적 강화제는 충격, 큰 소리 등이 있다. 2차적 강화제는 원래 중립적이었던 자극이 다른 강화제와 짝지어지는 과정을 통하여 강화제로서 기능하게 되는 것이다.

32	가시적 강화자극	그 자체로는 강화자극으로서의 가치를 가지고 있지 않지만, 학습을 통해 강화력을 얻은 강화자극으로 작은 장난감, 스티커, 연예인 포스터, 게임기 등이 있다.
33	활동 강화자극	강화력을 가진 활동으로, 프리맥의 원리를 이용하여 고빈도 행동(활동 강화자극)을 저빈도 행동의 강화제로 제공할 수 있다.
34	일반화된 (조건) 강화자극	조건강화제로 토큰, 현금과 같은 교환 가능한 강화제이다. 장점으로 포만에 상관 없이 제공 가능하고, 포만이 덜 나타나며 강화제의 개별화에 신경 쓰지 않고 사용할 수 있다.
35	사회적 강화자극	대인관계에서 형성된 2차적 강화자극이다.

긍정적 감정 표현	미소, 윙크, 웃음, 고개 끄덕임, 박수, 지그시 바라보기
신체적 접촉	악수하기, 손잡기, 하이파이브, 간질여 주기, 안아 주기
물리적 접근	아동 옆에 앉기, 서기, 함께 식사하기, 교사와 짝하기
언어적 진술	"이건 부모님께 보여 드려야겠는걸!" "정말 훌륭해!" 같은 간결한 표현의 칭찬

36	연속 강화계획과 간헐 강화계획	연속 강화계획은 모든 반응이 강화되는 것으로, 행동 습득 단계에서 주로 적용한다. 간헐 강화계획은 모든 반응이 아닌 가끔씩, 간헐적으로 강화되는 것으로, 행동 유지 단계에서 주로 적용한다.

37	비율 강화계획	고정비율 강화계획은 표적행동이 정해진 횟수만큼 발생할 때 강화하는 것으로, 표적행동의 비율이 높아지는 고속반응률이 나타날 수 있지만, 강화 후 휴지 현상과 횟수가 갑자기 많아지면 표적행동이 감소되거나 중단되는 비율긴장이 나타난다.
		변동비율 강화계획은 표적행동이 정해진 평균 횟수만큼 발생할 때 강화하는 것으로, 안정된 반응률과 함께 고속반응률이 나타날 수 있지만, 비율 긴장이 나타날 수 있고 많은 아동에게 동시에 적용하기 어렵다.
38	간격 강화계획	고정간격 강화계획은 정해진 시간 간격이 경과한 후 처음 표적행동이 발생할 때 강화하는 것으로, 여러 아동에게 적용 가능하지만 표적행동 발생 비율을 낮추고 강화 후 반응의 중단이 길게 나타나다 강화가 제공되기 직전 반응률이 높아지는 가리비 효과가 나타날 수 있다.
		변동간격 강화계획은 정해진 평균 시간 간격이 경과한 후 처음 표적행동이 발생할 때 강화하는 것으로, 가리비 효과를 방지할 수 있지만 간격의 길이가 다양하도록 관리하는 어려움이 있다.
39	반응 지속시간 강화계획	고정지속시간 강화계획은 표적행동을 정해진 시간 동안 지속하고 있을 때 강화하는 것으로, 비교적 실행이 쉽지만 요구하는 지속시간이 길어지면 강화 후 휴지도 길어질 수 있다.
		변동지속시간 강화계획은 표적행동을 정해진 평균 시간 동안 지속하고 있을 때 강화하는 것으로, 강화 후 휴지 예방이 가능하지만 지속시간을 다양하게 관리하는 어려움이 있다.
40	토큰제도	학생이 표적행동을 하면 토큰을 받아 나중에 원하는 강화제와 교환할 수 있는 것으로, 구성요소 3가지는 관찰·측정이 가능한 목표행동, 휴대하기 좋고 자체로는 가치가 없는 토큰, 다양한 형태의 교환 강화제가 있다.
		토큰제도는 학생들의 동기부여를 위한 노력이 덜 필요하고 표적행동과 교환 강화제 사이를 연결해주어 지연된 강화의 효과를 가능하게 한다.

41	토큰제도 누적 방지 방법 및 효과적 사용	토큰 누적 방지를 위해 언제든 교환 가능, 저축 시스템 및 인출 시 벌금, 주기적인 토큰 특성 변경, 주기적인 교환 강화제 변경 등을 활용할 수 있으며, 효과적인 사용을 위해 바람직하지 못한 행동에 토큰을 잃는 반응대가를 함께 사용할 수 있다. 토큰제도를 먼저 실행하여 토큰이 조건화된 강화제로 자리 잡은 후 반응대가를 실행하여 토큰 상실이 벌로 작용하게 한다. 학생이 토큰을 모두 잃으면 강화의 의미를 잃고 문제행동을 계속할 수 있기 때문에 이를 방지하도록 토큰을 많이 주거나, 적게 뺏거나, 교환 강화제 값을 낮추는 방법을 활용할 수 있다.
42	행동계약	행동계약은 목표 행동과 강화 사이의 유관 관계를 글로 쓴 문서로, 교사와 아동은 계약 내용을 이해하고, 서명하여 한 부씩 나눠 갖고 각자 보관한다. 장점으로는 아동의 참여가 가능하고 개별화를 쉽게 할 수 있으며, IEP를 작성할 때 현재 수준, 목표 진술에 사용할 수 있다.

43	행동계약 구성요소	과제에 대한 설명		과제를 하는 주체, 관찰·측정이 가능한 과제, 과제 수행 수준과 준거, 과제가 완성되어야 하는 시기
		보상에 대한 설명		보상하는 주체, 보상의 내용, 보상의 형태 및 방법, 보상받는 시기
		과제 수행 여부에 대한 기록 (별도 작성 가능)	학생	자신의 기록을 보며 과제에 집중 가능 자기점검의 효과
			교사	계약 이행 정도를 정기적으로 검토 가능
		계약자와 피계약자의 서명		서명란 옆 서명한 날짜 함께 기록

44	종속적 집단강화	한 명 또는 일부 학생이 목표행동을 수행하면 집단 전체가 강화를 받도록 하는 것이다.
45	독립적 집단강화	집단 전체에게 동일한 목표행동을 설정하고 목표행동을 수행하는 사람에게만 강화를 제공하는 것이며, 각자의 행동 수행 여부에 따라 강화가 주어지므로 학생 간 서로 영향을 받지 않는다.
46	상호종속적 (의존적) 집단강화	집단 전체에게 동일한 목표행동을 설정하고 집단 전체가 목표행동을 수행하면 집단 전체에게 강화를 제공하는 것이며, 예시로 학급 평균 90점, 지각 횟수 3회 이하 등이 있다.
47	고확률 요구연속	학습자에게 고확률 요구를 먼저 제시한 후 즉시 저확률 요구를 제시하는 과정으로 행동타성을 통해 저확률 요구를 유도하는 방법이다. 고확률 요구 과제는 반응시간이 짧고 순응이 보장되는 행동이어야 하며, 저확률 요구 과제는 이미 학습되어 있어야 한다. 훈련 중 저확률 요구에 대한 순응이 지속되면 고확률 요구의 수를 점차 줄인다.
48	촉진과 용암	촉진은 바람직한 반응을 보일 수 있도록 도와주는 부가적인 자극이며, 용암은 제공한 촉진을 체계적으로 소거하거나 촉진 제시를 지연시켜 변별자극만으로 바람직한 행동을 하게 하는 것이다.

49	반응촉진	다른 사람의 행동이 올바른 반응을 유발하는 것이다.		
		시각적 촉진	사진, 그림	사물함에 자기 사진을 붙여 자리 인지
		언어적 촉진	언어로 지시, 힌트	아동이 소변을 보면 '물 내려요'라고 말해주기
		몸짓 촉진	교사의 동작, 자세	급식실이 있는 곳을 손가락으로 가리키기
		모델링 촉진	다른 사람의 행동을 관찰하고 따라 하는 것	동작 시범 보이기
		신체적 촉진	신체적 접촉을 통해 바람직한 행동을 유발하도록 돕는 것	완전한 촉진 : 점퍼 지퍼를 아동의 손을 잡고 함께 끼우기 부분적 촉진 : 아동의 손끝만 잡아 아동이 손이 쉽게 닿는 곳에 놓기

50	자극촉진	변별자극을 변화시키거나 증가시키거나 추가적 단서를 주는 것이다.		
		자극 내 촉진	변별자극의 변화	위치, 크기, 모양, 색깔 변화
		가외자극촉진	변별자극 외 다른 자극을 추가	수 크기 비교에 숫자(변별자극)만큼의 사물(가외자극)을 제시하는 경우

51	자연적 촉진	환경에 내재된 자연스러운 형태의 자극으로, 예시로 알림시계, 학교종, 질문이 있는 상황 등이 있다. 인위적인 촉진은 자연적 촉진으로 대체될 필요가 있으며, 교사 입장에서 자연적 촉진은 학생의 행동관리를 더 수월하게 해준다는 장점이 있다.

52	동시촉진 (0초 촉진)	학생이 독립적으로 수행하기 어렵다고 판단하면 변별자극을 줌과 동시에 촉진을 제공하는 것으로, 학습에 대한 오류를 최소화하고 강화 이력을 형성한다.

53	도움감소법과 도움증가법	도움감소법은 처음에 최대한 촉진을 제공하여 초기 습득 때 오류를 줄이고 정반응을 보이면 점차 촉진의 양을 줄여나가는 것으로, 주로 중도, 최중도 장애아동에게 많이 사용된다.
		도움증가법은 아동에게 변별자극만 주는 것으로 시작하여 정반응이 없으면 점차 촉진의 양을 점차 증가시키는 것이다.
54	시간지연법	촉진하는 시간을 바꿔주는 것으로, 아동이 반응할 시간을 주고 기다린 다음 촉진을 제공하는 것이다.
		고정시간지연은 목표 자극과 촉진의 제공간격을 고정된 시간만큼 증가시키는 것이고, 점진적 시간지연은 목표 자극과 촉진의 제공간격을 조금씩 늘리는 방법이다.
55	점진적 안내 감소와 그림자법	신체적 촉진을 점차 용암시키는 방법으로, 전반적인 신체적 도움 – 부분적 접촉 – 가벼운 접촉 – 그림자법으로 점차 줄인다. 그림자법은 교사의 손을 학생의 움직이는 부분에 가까이 가져가되, 접촉하지 않고 필요할 때 도울 수 있는 준비를 하고 있는 것이다.
56	행동연쇄	복잡한 행동을 형성하기 위해 분리된 단위행동들을 연결시키는 과정으로, 과제분석 – 성취수준 평가 – 행동의 누가적 연결 – 강화의 과정으로 이루어진다.
		과제분석: 목표행동을 구성하는 단위행동을 분석하는 것
57	전진형 행동연쇄	단위행동들을 처음부터 마지막 단계까지 순차적으로 가르치는 것으로, 촉진만으로는 어떤 행동을 지도하기 어려울 때 사용하면 유용하다.

58	후진형 행동연쇄	단위행동들을 마지막부터 처음 단계까지 역순으로 가르치는 것으로, 이전 단계들은 교사가 모두 완성해 준 상태에서 마지막 단계의 행동을 학생이 하는 것이다. 지적장애 아동 및 중도·최중도 아동 행동목표 수행에 도움이 되며, 아동에게 성취감을 줄 수 있다.
59	전체과제 제시법	모든 단계를 매 회기마다 가르치는 것으로, 아동이 단위행동은 습득했지만 행동을 순서대로 수행하지 못할 때 사용하면 유용하다.
60	행동형성	바람직한 목표행동이 형성될 때까지 목표행동에 점진적으로 접근할 때 차별적으로 강화하는 것으로, 종료행동 – 시작행동 – 중간행동을 설정한다.

> **암기 Tip!** 행동형성과 용암법, 행동형성과 행동연쇄와의 차이 알아두기!

61	최소 강제 대안의 원칙	행동을 감소시키고자 할 때는 가능한 한 가장 최소 수준의 강제성을 가진 체계가 선택되어야 한다는 원칙이다.

수준 Ⅰ	수준 Ⅱ	수준 Ⅲ	수준 Ⅳ
차별강화	소거	바람직한 자극의 제거	혐오자극 제시

62	저빈도 행동 차별강화 (DRL)	문제행동의 빈도가 감소되는 것에 강화를 제공하는 것이다.

전체 회기 DRL	전체 회기 내 총 반응 수가 설정한 준거 이하일 때 강화 제공
간격 DRL	한 회기를 작은 간격으로 나누어 간격 내 반응 수가 설정한 준거 이하일 때 강화 제공
반응 DRL	반응과 반응 사이에 정해진 시간이 지나면 강화 제공

63	다른 행동 차별강화 (DRO)	일정 시간 동안 표적행동이 발생하지 않으면 강화를 제공하는 것으로, 단점으로 의도치 않게 다른 문제행동 강화할 수 있고, 행동의 진공상태로 인해 새로운 문제행동이 발생될 수 있으며, 문제행동을 했을 때의 강화보다 더 효과적인 강화제가 필요하다.
64	대체행동 차별강화 (DRA)	부적절한 표적행동이 적절한 형태로 나타날 때 강화를 제공하는 것으로, 문제행동을 할 때는 강화하지 않고 바람직한 행동을 할 때 강화한다.

대체행동 선정 기준	기능동일	문제행동과 기능이 동일함
	반응 효율성	힘을 덜 들이고도 선호하는 결과를 즉각적으로 얻음
	반응 수용성	주위에 있는 사람들로부터 사회적으로 수용됨
대체기술 교수	교체기술	문제행동과 같은 결과를 가져올 수 있는 바람직한 기술 기준 : 노력, 결과의 질, 결과의 즉각성, 결과의 일관성, 처벌 개연성
	대처 및 인내기술	힘들고 재미없는 상황에서 문제행동을 하지 않고 인내·대처할 수 있는 기술로 강화지연을 통해 훈련 가능
	일반적인 적응기술	문제행동 예방 및 의미 있는 생활을 향상시킬 수 있는 기술 학업기술, 사회성 기술 등

대체행동의 이중효과 적절한 행동은 증가시킬 뿐만 아니라 부적절한 행동은 감소시킨다.

65	상반행동 차별강화 (DRI)	상반행동에 강화하고 문제행동은 소거를 적용하는 것으로, 상반행동이란 문제행동과 동시에 발생할 수 없는 바람직한 행동으로, 모든 상반행동이 기능적인 행동이진 않다.
66	비유관 강화 (NCR)	문제행동과 무관하게 미리 설정된 시간 간격에 따라 강화를 받는 것으로, 문제행동의 동기를 제거하려는 전략이다. 장점으로 활용하기 쉽고, 긍정적 학습 환경 조성에 도움이 되지만, 단점으로 행동이 체계적으로 강화되진 않으며, 부절적한 행동에 우연적 강화가 제공될 수 있다.

67	소거	문제행동을 유지하는 강화요인을 제거하여 문제행동을 감소시키는 것으로, 효과적인 소거를 위해 강화요인을 찾으면 일관성 있게 제거해야 한다.
		단점으로 소거는 문제행동을 서서히 감소시키므로 신속히 제거해야 할 행동에는 적용하기 어려우며, 행동이 타인에 의해 부재중에 강화되지 않도록 환경 통제가 완벽해야 한다.

68	소거 적용 시 주의점	소거 저항	강화가 제공되지 않더라도 행동이 얼마간 지속되는 현상
		소거 폭발	소거 과정 초기에 행동의 빈도, 지속시간, 강도 등이 증가하는 현상 이때 강화를 하면 간헐강화의 적용을 받아 문제행동이 더욱 심해질 수 있음
		자발적 회복	문제행동이 일정 시간 동안 일어나지 않았다가 그 후에 다시 일어나는 현상 이때 강화를 하면 소거의 효과가 사라지니 유의해야 함

69	반응대가와 타임아웃	반응대가는 학생이 문제행동을 했을 때 그 대가로 지니고 있던 강화제를 잃게 하여 문제행동의 발생률을 감소시키는 것으로, 토큰제도와 병행하여 사용하는 경우가 많다.
		타임아웃은 학생이 문제행동을 했을 때 일정 시간 동안 강화제로의 접근을 차단하는 것으로, 3가지 유형은 비격리-비배제 타임아웃, 비격리-배제 타임아웃, 격리 타임아웃 등이 있다.

| 70 | 과잉교정 | 부적절한 행동에 대한 후속 결과로 문제행동과 관련된 적절한 행동을 반복적으로 하게 하는 것이다. 정적연습 과잉교정은 부적절한 행동을 대체할 수 있는 적절한 행동을 반복적으로 연습하는 것이고, 원상회복 과잉교정은 학생이 문제행동으로 손상된 것으로 보상하게 하는 것이다. |

71 학습단계

습득	배움
숙달	빠르고 완전하게 함
유지	가르침 후에도 계속 사용함
일반화	다른 조건에서도 사용함

72 자극 일반화

특정 자극이 아닌 다른 자극에도 같은 반응이 나타나는 것으로, 3가지 유형은 장소/상황, 대상/사람, 자료/사물이 있다.
자극 일반화 전략으로는 자연스러운 상황, 하루 일과 속에서 가르치기, 다양한 상황 이용하기 등이 있다.

73 반응 일반화

부수적 행동 변화라고 하며, 목표하고 가르치지 않았던 것에 행동 변화가 일어나는 것이다. 반응 일반화 전략으로는 충분한 반응 사례로 훈련하기, 다양한 반응 수용하고 강화하기 등이 있다.

74 유지 전략

간헐 강화계획	표적행동을 했을 때 가끔씩 강화를 주는 것
과잉학습	표적행동을 습득한 후에도 계속 연습하는 것
분산연습	표적행동을 하루 일과 속에 분산시켜 여러 차례 연습하는 것
유지 기술 + 새 기술	또 다른 새 기술을 학습할 때 표적행동을 계속 삽입해서 연습하는 것
유지 스케줄	주기적으로 연습할 기회를 주는 것
자연적 강화	교수 상황에서 자연적 강화를 사용하는 것

75	연구설계의 신뢰도	종속변인 신뢰도는 종속변인에 대한 측정한 자료의 객관성으로, 여러 검사자에 의해 동일한 결과를 얻는 것이다.
		검사-재검사 신뢰도, 동형검사 신뢰도 등으로 확인할 수 있다.
		독립변인 신뢰도는 중재충실도라고도 하며, 중재를 얼마나 일관성 있게 실시했는지 묻는 것이다.

76	연구설계의 타당도	내적 타당도	종속변인의 변화가 독립변인에 의한 것인지 나타냄
		외적 타당도	연구 결과를 일반화할 수 있는지 나타냄
		사회적 타당도	연구 결과가 일반화할 만한 가치가 있는지 나타냄

77	시각적 분석	개별대상 연구의 시각적 분석은 중재방법의 변화에 대한 정보를 제공해준다.	
		자료의 수준	- 상황 간 평균값을 비교함 - 자료의 경향, 변화율 변화를 알 수 없을 때 사용함 - 극단값인 경우에는 중앙값을 사용함
		자료의 경향	- 상황 간 자료에 대한 경사의 방향과 크기가 일관성 있게 증가, 감소하는 정도를 비교함
		변화율 분석	- 상황 간 평균선, 경향선을 중심으로 퍼져 있는 자료의 분포 정도를 비교함
		중첩 정도 분석	- 상황 간 자료값이 얼마나 겹치는지 비교함 - 기초선 범위에 중재 자료가 얼마나 겹치는지 파악하여 중첩률, 비중첩률을 계산함
		즉각성 분석	- 한 상황의 마지막 자료와 다음 상황의 첫 자료 사이의 차이를 비교함

78	ABAB 설계	기본 개념	- 중재의 반복된 적용과 철회를 통해 목표행동과 중재의 기능적 관계를 입증할 수 있는 설계
		장점	- ABA 설계의 단점인 윤리적 문제를 해결 - 중재를 반복 입증하여 내적 타당도를 강화
		단점	- 짧은 시간이라도 중재를 제거하기 때문에 윤리적인 문제 - 표적행동이 위험하거나 기초선 상태로 되돌리기 어려운 경우 설계 적용이 어려움

79	중다기초선 설계		
		기본 개념	- 하나의 독립변인과 세 가지 이상의 종속변인을 두어 기능적 관계를 입증하는 설계 - 종속변인은 행동, 상황, 대상자 등
		기본 가정	- 종속변인은 기능적으로 독립적이어서 서로 영향을 받지 않아야 함 - 종속변인은 기능적으로 유사해서 동일한 중재에 반응해야 함
		장점	- 중재 철회 없이 기능적 관계 확립이 가능 - 종속변인이 반전될 수 없는 경우에도 적용 가능
		단점	- 다수의 기초선을 동시에 측정하여 많은 시간이 소요 - 기초선 기간이 길어져 즉각적인 변화가 요구되는 종속변인은 적용하기 어려움

> **공변현상**: 행동 간 중다기초선의 경우 한 행동이 받은 중재에 다른 행동이 영향을 받는 이월효과로 인해 공변현상이 나타날 수 있으므로 기능적 독립이 필수적이다.

80	중다간헐 기초선 설계	중재가 아직 적용되지 않은 기초선에서 매회기가 아닌 간헐적으로 자료를 수집하는 설계로, 모든 종속변인에 대한 관찰과 측정이 어려울 때 유용하다. 장점은 불필요한 기초선 자료를 계속 측정할 필요가 없고, 단점은 공변현상이 나타나더라도 찾아내기 어렵다.

81	교대중재설계	하나의 반전 가능한 종속변인에 둘 이상의 독립변인을 교대로 투입하여 중재 간 효과를 비교하는 설계로, 중재효과를 입증하기 위해 중재를 제거·철회할 필요가 없으며 자료선 간 수직적 거리가 크면 두 중재의 효과 차이가 큰 것이다. 중재구간에서 내적 타당도를 높이기 위한 방안으로는 중재를 임의적 배열로 구성하고, 3개 이상이라면 순환조를 사용한다. 일정의 평형화를 통해 중재의 순서뿐만 아니라 중재와 같이 제시되는 자극 조건들을 균형에 맞추어 제시한다. 중재구간 이후에서 내적 타당도를 높이기 위한 방안으로는 중대교대 상황 뒤에 더 효과적인 중재만 적용하는 상황(최종단계)을 두어 복수중재 간섭의 통제를 확인한다.

82	기준변경설계	중재를 적용하면서 행동의 기준을 계속 변화시켜 가는 설계로, 기초선 수준에 최종 목표까지 점진적으로 이동하며, 중재 구간은 하위 구간이 되어 뒤이은 중재 구간의 기초선 역할을 한다. 기능적 관계 입증을 위해 각 중재 상황의 길이를 다르게 할 수 있으며, 계단 모양이 아닌 사선 모양이 나타난다면 하위 중재 상황을 길게 하거나 기준의 변화를 크게 하여 해결할 수 있다.
83	조건변경설계	하나의 종속변인에 둘 이상의 독립변인을 순서대로 투입하여 중재 간 효과를 비교하는 설계로, 바로 인접한 중재 상황끼리만 비교 가능하다. 중재의 누적효과 등으로 인해 기능적 관계가 확립되지는 못하지만, 반전 가능한 행동이라면 ABACAB 설계와 같이 다시 기초선-중재 구간을 두어 기능적 관계를 확인할 수 있다.
84	자기 기록 (자기 점검)	자기 행동의 양, 질을 관찰·측정하여 스스로 기록하는 것으로, 학생은 반응효과로 인해 기록 자체만으로 바람직한 방향으로 행동이 바뀌며, 학생과 교사에게 행동에 대한 확실하고 구체적인 피드백을 줄 수 있다.
85	자기 평가와 자기 강화	자기 평가는 자기 행동을 정해진 기준을 근거로 스스로 평가하는 방법이고, 자기 강화는 자기가 정한 목표를 이루었을 때 스스로 선택한 강화제를 자기에게 제공하는 것이다.

CHAPTER 08

지적장애

특수교육학 키워드를 효율적으로 인출하여 약점 극복하기

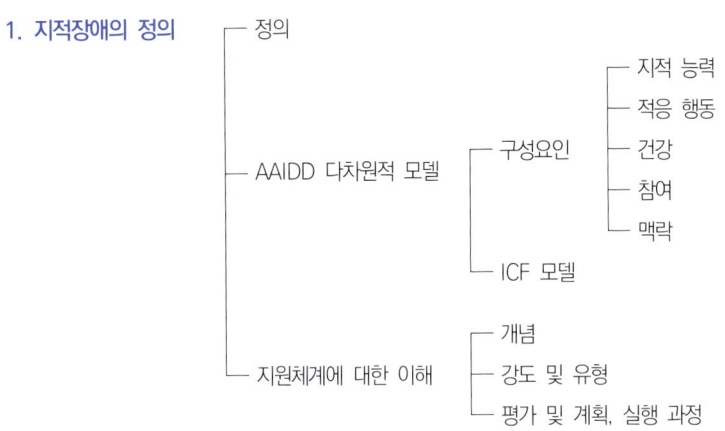

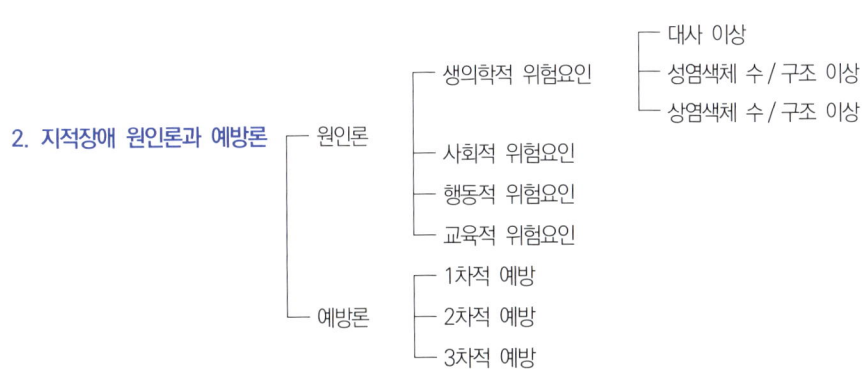

지적장애 구조도

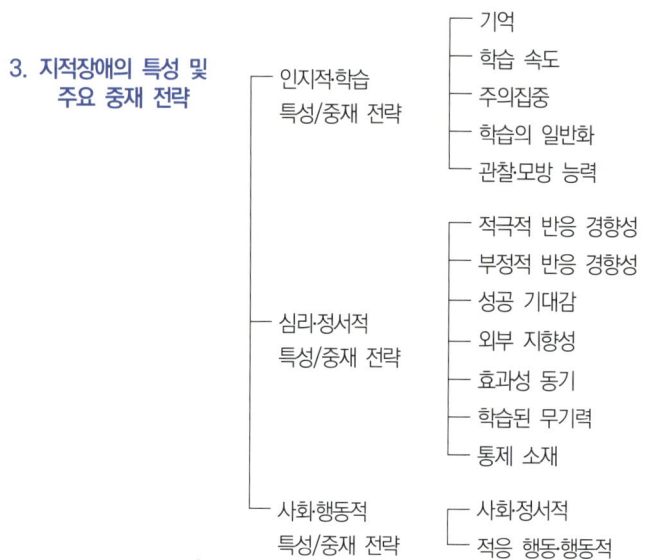

특수교육학 키워드를 효율적으로 인출하여 약점 극복하기

08 지적장애

KEYWORD LIST

- 01 지적장애 진단·평가 영역
- 02 AAIDD 12차 5가지 가정
- 03 적응행동의 3가지 요인
- 04 AAIDD 다차원적 모델
- 05 AAIDD 다차원적 모델 특징
- 06 지원 모델
- 07 개인중심계획과 지원정도척도
- 08 지적장애 다중위험요인
- 09 예방론
- 10 대사 이상에 의한 열성 유전
- 11 약체 X 증후군
- 12 다운증후군
- 13 클라인펠터 증후군과 터너 증후군
- 14 윌리엄스 증후군
- 15 프래더-윌리 증후군
- 16 안젤만 증후군
- 17 인지적 학습 특성
- 18 기억 중재 전략
- 19 선택적 주의집중 정의와 중재방안
- 20 반두라의 관찰학습
- 21 학습된 무기력
- 22 성공기대감
- 23 심리·정서 중재 전략
- 24 생태학적 접근
- 25 교육과정 구성을 위한 기본 전제
- 26 생태학적 목록
- 27 경험적 타당도와 사회적 타당도
- 28 지역사회 모의수업
- 29 지역사회 참조교수
- 30 지역사회 중심교수
- 31 일반사례 교수법
- 32 일반사례 교수법 단계
- 33 부분참여의 원리와 사회적 역할 가치화
- 34 부분참여의 잘못된 유형
- 35 자기결정 정의
- 36 위마이어의 자기결정 기능이론
- 37 자기결정 교수학습모델
- 38 기본적 일상생활 활동과 수단적 일상생활 활동
- 39 사회적 능력 결함 유형

01	지적장애 진단·평가 영역	지능검사, 사회성숙도검사, 적응행동검사, 기초학습검사, 운동능력검사
02	AAIDD 12차 5가지 가정	지적장애란 지적 기능성과 개념적·사회적·실제적 적응기술로 표현되는 적응행동 양 영역에서 심각한 제한성을 보이는 것이다. 이 장애는 발달기 동안 발생하며, 발달기는 한 개인이 22세가 되기 전이라고 조작적으로 정의한다. ① 현재 기능상의 제한점은 지역사회 환경의 전형적인 맥락에서 개인 연령대의 보편성과 문화적인 요소들이 고려되어야 한다. ② 타당한 평가는 의사소통의 차이, 감각, 운동능력, 행동적 요소와 문화적, 언어적 다양성이 함께 고려되어야 한다. ③ 한 개인에게 제한점은 종종 장점과 공존하기도 한다. ④ 제한점을 상세히 묘사하는 중요한 목적은 필요한 지원을 발전시키기 위함이다. ⑤ 지속적으로 적절한 개인화된 지원이 이루어지면 지적장애인의 삶의 기능은 전반적으로 향상될 것이다.

03	적응행동의 3가지 요인	한 개인이 심각한 적응행동상의 제한성이 있다고 진단되기 위해서는 3가지 적응행동 유형 중 최소한 하나의 영역 점수가 평균보다 대략 2표준편차(SD) 이하의 점수를 보여야 한다.

개념적 기술	언어, 읽기와 쓰기, 돈·시간·수 개념, 자기지시
사회적 기술	대인관계 기술, 사회적 책임감, 자존감, 순진성, 규칙따르기/법 준수, 손해 보지 않기, 사회적 문제해결
실제적 기술	일상생활 활동(개인적 관리), 작업 기술, 돈 사용, 안전, 건강관리, 여행/이동, 일정/일과 계획, 전화사용, IT 기술 활용

04	AAIDD 다차원적 모델	인간기능성은 지적능력, 적응행동, 건강, 참여, 맥락의 5가지 차원에 의해 영향을 받고, 이는 개별적인 지원체계를 통해 인간기능성의 향상을 가져올 수 있다.

05	AAIDD 다차원적 모델 특징	지적장애를 생태학적 요인과 상호작용 맥락 내의 기능성의 제한으로 인한 인간 기능에서의 제한성이라고 개념화하였으며, 개인의 기능을 향상시키기 위해 지원의 중요성을 제시하고 있다.

06	지원 모델	지적장애인은 개인의 능력과 환경의 요구 사이의 불일치를 경험하여 지원 요구가 창출된다. 요구를 바탕으로 개별화된 지원을 계획하고 적용하여 개인적 성과의 증진이 이루어진다. 성과는 독립성 및 인간관계 향상, 사회 공헌 기회 증진, 학교와 지역사회 환경에서의 활동 참여 증진, 개인적 안녕과 삶의 만족감 향상이 있다.
07	개인중심 계획과 지원정도척도	개인중심계획은 개인의 꿈, 선호도, 관심 등에 초점을 두어 개인의 능력, 재정 상태에 국한하지 않고 당사자가 자신에게 중요하다고 생각하는 것이 무엇인지 파악하는 것으로, 당사자뿐만 아니라 주변인들도 함께 참여하며, 현재의 삶뿐만 아니라 미래의 삶에 대해서도 다루어져야 한다. 지원정도척도는 지원 요구를 평가하는 것으로, 지원이 각 활동에 얼마나 자주 요구되는지(빈도), 지원할 때마다 얼마나 많은 시간이 소요될 것인지(지원시간), 어떤 유형의 지원이 필요한지를 구체적으로 평가한다.

| 08 | 지적장애
다중위험요인 |

종류	의미	예시
생의학적 위험요인	생물학적 처리과정	염색체 이상, 유전자 장애, 출생 전후 뇌손상 등
사회적 위험요인	아동 발달에 영향을 주는 자극	출생 전 빈곤, 산모의 영양실조
행동적 위험요인	당사자, 부모 세대의 부적절한 행동	부모의 약물 복용, 음주, 흡연
교육적 위험요인	지적 능력, 적응기술 발달을 위한 정보, 교육 지원의 부재	조기 중재, 특수교육, 가족지원의 부재

09 예방론

종류	의미	예시
1차적 예방	질병, 조건, 장애로의 발전 예방	임신 기간 금주, 예방 주사
2차적 예방	현존하는 상태에서 지적장애 초래 예방, 선별과정 및 중재 포함	식이요법을 통해 페닐케톤뇨증에 의한 지적장애 예방
3차적 예방	기능적 손상 최소화	신체적, 교육적, 직업적 재활

10 대사 이상에 의한 열성 유전

대표적으로 페닐케톤뇨증은 특정 단백질을 분해하는 효소가 부족한 사람들에게 나타나며, 해당 단백질을 함유하는 음식물 섭취를 피하는 식이요법을 통해 지적장애를 예방할 수 있다.

11 약체 X 증후군

성염색체 이상 질환으로, 유전질환이며, 자폐성 장애와 유사하게 특정 말을 반복하거나 반향어를 사용한다. 학습과제에서는 시·공간적 기술에 비해 음성언어 기술에서 더 나은 수행을 보이며, 순차처리보다 동시처리가 요구되는 과제에 강점을 보인다.

12 다운증후군

상염색체 수 이상 질환으로, 21번 상염색체가 3개인 형상으로 인해 나타난다. 특징적인 외모를 가졌으며, 지능에 비해 적응행동에 강점을 보인다. 학습과제에서는 언어·청각적 과제보다 시·공간적 과제 수행이 더 우수하다.

13	클라인펠터 증후군과 터너 증후군	성염색체 수 이상의 대표적인 질환으로 클라인펠터 증후군과 터너 증후군이 있다. 클라인펠터 증후군은 XXY의 성염색체로, 남성성기의 발육부진과 여성적인 2차 성징이 특징이며, 학습과제에서는 운동, 언어에서 지연이 나타난다. 터너 증후군은 X의 성염색체로, 학습과제에서는 언어성은 크게 떨어지지 않으나 낮은 동작성, 사회성 결여, 공간지각, 조직화 능력의 어려움이 있다.
14	윌리엄스 증후군	7번 상염색체 구조 이상 질환으로 특징적 외모와 사교적인 성격을 가진다. 학습과제에서는 미세한 운동능력, 시공간적인 사고를 요구하는 과제보다 기억력, 언어능력이 요구되는 과제에 강점을 보인다.
15	프래더-윌리 증후군	부계 유전으로 인한 15번 상염색체 구조 이상 질환으로 이상 식욕과 비만이 대표적인 증상이다. 학습과제에서는 순차처리보다 동시처리가 요구되는 과제에 강점을 보이며, 시·공간적 처리능력이 요구되는 과제와 직소 퍼즐에서 강점을 보인다.
16	안젤만 증후군	모계 유전으로 인한 15번 상염색체 구조 이상 질환으로 행복한 기질과 부적절한 웃음발작이 대표적인 증상이다. 학습과제에서는 표현언어 기술보다는 수용언어과 비언어적인 의사소통 기술이 좋은 편이다.

17	인지적 학습 특성	① 빈약한 기억(단기기억, 초인지) ② 느린 학습속도 ③ 낮은 주의집중(선택적 주의, 주의유지, 주의집중 이동) ④ 일반화의 어려움 ⑤ 관찰·모방의 어려움

18	기억 중재 전략		
		시연	기억할 대상, 정보를 눈으로 여러 번 보거나 말로 되풀이함
		조직화	기억자료를 속성에 따라 의미 있는 단위로 묶어서 기억함
		약호화	정보처리 체제 내에서 표상함 ex)축소형 부호화(청킹)
		정교화	기억할 정보에 다른 정보를 관련시킴
			쌍연합학습 (=매개전략): 두 개 자극 함께 제시(의미 있는 친숙한 단어) – 자극 하나만 제시 – 두 자극의 관계를 말하여 회상 돕기

19	선택적 주의집중 정의와 중재방안	선택적 주의는 개인이 관련 있는 것을 선택하여 주의하고, 관련 없는 다른 자원은 무시하는 것으로, 성공적 과제 실행을 위해 중요한 역할을 한다.

선택적 주의집중 중재방안

① 주위의 산만한 자극을 제거하고 특정 자극 제시하기
② 과제를 짧게 짧게 나누어 번갈아 가며 제시하기
③ 특정 자극의 중요성 인식시키기
④ 자극단서의 수나 복잡성 줄이기
⑤ 관련 자극의 강도를 증가시키기
⑥ 일상적인 상황에서 자료 제시하기
⑦ 의미와 선행 경험 이용하기

20	반두라의 관찰학습	주의집중	유능한 모델의 행동 유용성을 보여주며 학생의 주의를 끌어냄
		파지	약호화, 정교화를 통해 배워야 할 정보를 기억함
		재생	개인의 개념적 표현, 피드백을 통해 결함을 교정함
		동기화	결과에 대한 기대 창출로 정·오반응에 대한 피드백을 제공함
21	학습된 무기력	과거 실패 경험으로 인해 어려운 과제뿐만 아니라 스스로 할 수 있는 과제나 상황에 대하여 아예 포기하거나 문제를 해결하려고 시도하지 않는 것이다. 상황에 대해 스스로 통제할 수 없다고 지각하는 심리적 상태이며, 성공의 결과를 노력보다는 행운으로 돌린다.		
22	성공기대감	새로운 과제에 대해 성공을 기대하는 정도로, 지적장애 아동은 실패한 경험이 많아 낮은 성공기대감으로 노력이 부족하고 시도를 거의 하지 않으려고 한다.		
23	심리·정서 중재 전략	① 성공할 수 있는 과제 제공 ② 실패 처리 방법 학습 ③ 적절한 외부단서 활용 ④ 교사, 부모의 적절한 모델링 제공		

24	생태학적 접근	지적장애 학생의 교육과정 구성을 위한 접근의 한 유형으로, 학생과 환경에 대한 상호적 관계에 초점을 맞춘다. 중도 지적장애 학생에게 교수해야 할 기술은 기능적이고, 생활연령에 적합하며, 사회적 타당도를 갖춘 기술이어야 한다는 점을 강조한다.
25	교육과정 구성을 위한 기본 전제	연령에 적절한 교육과정: 교육과정은 생활연령에 적합한 내용으로 구성·적용되어야 함 궁극적 기능성의 기준: 교육목표는 일반인들과 함께하는 최소제한환경에서 최대한 생산적이고 독립적으로 활동하는 성인이 되도록 하는 것임 최소 위험 가정 기준: 결정적인 자료가 있지 않는 한 교육자는 학생에게 위험한 영향을 최소화할 수 있는 가정에 기초하여 교육적 결정을 내려야 함 영 수준 추측: 배운 기술들을 실제 사회생활에서 일반화하지 못할 수 있다는 전제에 기반을 두고 일반화할 수 있는지를 시험해봐야 함 자기결정 증진: 개인이 어떤 방식으로 행복하게 하는 원인이 바로 자기 자신이라는 것으로 학생들에게 선택할 수 있는 기회를 제공해야 함
26	생태학적 목록	학생들의 현재, 미래 생활에 필요한 기술을 찾을 수 있는 평가도구이다. **생태학적 목록 작성 과정** ① 교육과정 영역 정하기 ② 각 영역에서 현재 환경과 미래 환경을 확인하기 ③ 하위 환경으로 나누기 ④ 하위 환경에서 벌어지는 활동을 결정하고 활동 목록 만들기 ⑤ 각 활동을 하기 위해 필요한 기술 정하기

27	경험적 타당도와 사회적 타당도	경험적 타당도는 해당 기술이 아동의 독립적 생활 영위에 얼마나 중요한지를 나타내고, 사회적 타당도는 해당 기술이 아동 주위의 사람들이 생각하기에 아동에게 얼마나 필요한지를 나타낸다.
28	지역사회 모의수업	지역사회의 장면이나 과제를 교실 수업으로 가져와 모의 활동을 하는 것으로, 처음부터 지역사회 공간을 활용하기 어렵거나, 지역사회에 나가기 전 구조화된 연습의 기회가 필요할 때 유용하다.
29	지역사회 참조교수	학교 공간 내에 지역사회에서 필요한 기술을 간접적으로 연습할 수 있는 기회를 갖는 것으로, 예시로 학교 매점에서 물품 구매 활동을 연습하는 것이 있다. 지역사회 모의수업에 비해 실제적인 맥락이 한층 강화된다.
30	지역사회 중심교수	실제 지역사회에서 교수·학습 활동이 이루어지는 것으로, 단순한 일회성 행사가 아니라 활동의 분명한 목표와 전개 과정이 전제되는 구조적인 교수를 계획해야 한다.

31	일반사례 교수법	지역사회 중심교수의 지도방법으로, 학습한 기술이 다양한 상황이나 조건에서도 사용될 수 있도록, 즉 일반화를 높이는 교수법이다.
32	일반사례 교수법 단계	① 교수 영역 결정하기 ② 모든 자극과 반응 조사하기 ③ 교수 사례(긍정, 부정 사례 포함)와 평가 사례의 예를 결정하기 ④ 교수 사례 계열화 및 교수 실시하기 ⑤ 평가사례(비교수 상황) 평가 실시하기
33	부분참여의 원리와 사회적 역할 가치화	부분참여의 원리는 아동이 주어진 과제 활동의 모든 단계를 혼자의 힘으로 참여할 수 없다 하더라도 적절히 수정된 과제를 수행하도록 가르칠 수 있다는 원리로, 부분참여의 원리가 학생의 이미지와 역량에 긍정적인 영향을 줄 수 있다는 점에서 가치 있는 사회구성원으로서 평가받는다는 사회적 역할 가치화를 실현할 수 있다.

34	부분참여의 잘못된 유형		
		수동적 참여	학생이 자연스러운 환경에 배치되었으나, 적극적인 활동 참여가 아닌 또래를 관찰하는 기회만 제공되는 것
		근시안적 참여	교사가 교육과정을 좁은 시야로 집중하여 학생이 학습의 전반적인 기회로부터 이득을 보지 못하는 것
		부족한 참여 (=참여기회 상실)	독립적인 활동(휠체어 사용)을 위해 학생에게 너무 많은 시간과 노력을 기울이게 하여 수업 참여 기회를 상실하는 것
		비정규적 참여 (=단편적 참여)	학생이 활동에 부정기적으로 참여하는 것

35	자기결정 정의	개인이 어떤 방식으로 행복하게 하는 원인이 바로 자기 자신(자아)이라는 것을 의미하며, 자신의 질적인 삶을 위해 적절한 결정을 하고, 자율적 의지와 독립성, 그리고 행동에 대한 책임감을 가지는 개인의 능력이다.	
36	위마이어의 자기결정 기능이론	자율성	선택하기, 의사결정, 문제해결, 독립성
		자기조정적	자기관리 기술 목표설정 및 목표달성 자기관찰, 자기평가, 자기강화 자기교수
		심리적 역량 강화	자기옹호(자신에 대한 이해, 권리에 대한 이해, 의사소통, 리더십) 리더십 자아효능감 긍정적 귀인
		자아실현	자기인식(각성) 자기지식
37	자기결정 교수학습모델	자기결정을 잘하는 학생이 가지는 목표성취의 과정을 분석하여 그 과정을 따르도록 하는 접근으로, 자기조절적 문제해결 과정과 학생주도의 학습을 강조한다.	
		목표설정	나의 목표는 무엇인가?
		실행	나의 계획은 무엇인가?
		목표나 계획의 조정	내가 배운 것은 무엇인가?

38. 기본적 일상생활 활동과 수단적 일상생활 활동

기본적 일상생활 활동	수단적 일상생활 활동
기본적 기술을 요구하는 활동	더 진보된 문제해결능력과 사회적 기술, 더 복잡한 환경적 상호작용을 요구하는 활동
- 자기관리 - 기능적 이동 - 성적 표현 - 수면과 휴식	- 의사소통 도구 사용 - 건강 관리 및 유지 - 재정 관리 - 음식 준비와 청소하기 - 지역사회로의 이동

39. 사회적 능력 결함 유형

종류	의미	지도방안
기술 결함	사회적 기술의 획득 결함	직접지도, 모델링, 행동시연, 코칭
수행력 결함	사회적 기술을 수행하는 방법을 알지만 수행하지 못함	선행사건, 후속결과 조절, 또래주도, 유관강화, 집단강화
자기통제 기술 결함	정서적 각성 반응(불안, 흥분)이 사회적 기술의 습득을 방해	불안 : 둔감법, 홍수법 흥분 : 강화기법, 집단강화
자기통제 수행력 결함	정서적 각성 반응 때문에 학습한 사회적 기술을 수행하지 못함	자기통제 전략, 변별기술을 지도하는 자극통제 훈련

CHAPTER

09

자폐성장애

특수교육학 키워드를 효율적으로 인출하여 약점 극복하기

1. 자폐성장애의 정의
   - 장특법
   - DSM-5 진단 준거

2. 자폐성장애의 특성
   - DSM-5 진단 준거에 나타난 주요 특성
   - 인지 특성
     - 마음이해능력 결함
     - 실행기능 결함
     - 중앙응집능력 결함
   - 의사소통 특성
     - 말/언어 특성 — 반향어
     - 음성 및 음운론적 특성
     - 의미론적 특성
     - 화용론적 특성
   - 행동 특성
     - 상동행동
     - 의식적인 행동
   - 감각 특성
     (감각반응패턴)
     - 낮은 등록
     - 감각추구
     - 감각민감
     - 감각회피

자폐성장애 구조도

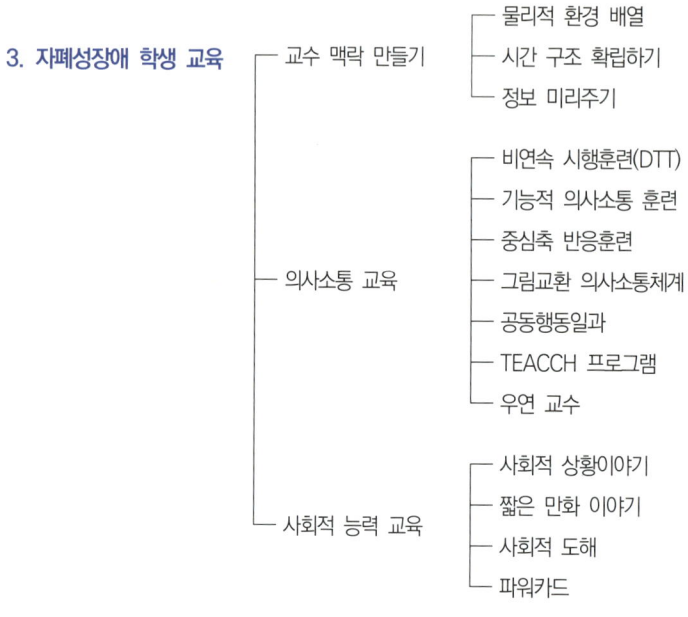

09 자폐성장애

KEYWORD LIST

01 DSM-5 진단 준거 A
02 DSM-5 진단 준거 B
03 마음이해능력 결함
04 실행기능 결함
05 중앙응집능력 결함
06 의사소통 특성
07 높은 역치 감각 특성
08 낮은 역치 감각 특성
09 교수 맥락 만들기
10 혼자만의 공간 (진정 영역)
11 비연속 시행훈련 (DTT)
12 기능적 의사소통 훈련 (FCT)
13 중심축 반응훈련 (PRT)
14 그림교환 의사소통체계 (PECS)
15 공동행동일과
16 TEACCH 프로그램
17 사회적 상황이야기
18 짧은 만화이야기 (=연재만화)
19 사회적 도해
20 파워카드

01 DSM-5 진단 준거 A

3가지가 현재 나타나고 있거나 나타난 내력이 있다.

A. 다양한 맥락에서의 사회적 의사소통과 사회적 상호작용의 지속적인 결함
1. 사회적-정서적 상호성에서의 결함
2. 사회적 상호작용을 위해 사용되는 비언어적 의사소통 행동에서의 결함
3. 관계의 형성, 유지, 이해에서의 결함

02 DSM-5 진단 준거 B

4가지 중 2가지가 현재 나타나고 있거나 나타난 내력이 있다.

B. 제한적이고 반복적인 행동, 관심(흥미), 또는 활동 패턴
1. 상동적이거나 반복적인 동작성 움직임, 물건 사용, 또는 말
2. 동일성 고집, 일상활동에 대한 완고한 집착, 의식화된 언어적 혹은 비언어적 행동 패턴
3. 강도나 초점이 비정상적인 매우 제한적이고 고착된 관심
4. 감각적 입력에 대한 과대반응 혹은 과소반응, 환경의 감각적 측면에 대한 이례적인 관심

03	마음이해능력 결함	마음이해능력이란 타인의 생각과 마음을 이해하는 능력으로, 자폐성장애 학생들의 마음이해능력은 타인의 정서적 표현을 이해하고 관심을 기울이는 것이 부족하고, 심리적 상태에 대한 표현 어휘의 빈도와 다양도에서 낮은 수행을 보이며, 타인의 정보적 상태에 대한 이해 능력이 부족하다.
04	실행기능 결함	실행기능은 문제해결 방안을 계획하고, 충동을 통제하며, 행동과 사고를 유연하게 하도록 돕는 것으로, 자폐성 장애 학생들의 실행기능은 충동 조절의 어려움, 과제 수행 계획의 어려움, 인지적 융통성의 어려움으로 나타난다.
05	중앙응집능력 결함	중앙응집 능력이란 입력된 정보를 의미 있게 연계하고 총체적인 형태로 처리하는 능력으로, 자폐성 장애 학생의 중앙응집 능력은 여러 정보 중 필요한 정보 선택하기, 복잡한 정보 처리하기, 정보를 통합, 연계, 분석하는 능력이 부족하여 학습에서 주요 주제나 전체 흐름 파악의 어려움, 정보에 대한 종합적 이해의 어려움, 총체적이고 통합적인 학습의 어려움의 특성을 보인다.

06 의사소통 특성

말/언어	반향어	즉각 반향어	들은 것을 즉시 반복	기능	상호	요청
		지연 반향어	일정시간이 지난 후 반복		비상호	자기조절 (=자기지시 =자기규칙)
		대명사 반전	화자와 청자의 관점이 다른 것을 이해 못함.			
음성/음운론	- 억양, 리듬, 속도와 같은 언어의 초분절적 요소에서 어려움 - 사회적 상호작용과 의사소통의 어려움으로 인해 언어의 형식과 내용을 습득하지 못하기 때문					
의미론	추상적인 단어습득의 어려움					
화용론	대화 주고 받기, 대화 주제 유지의 어려움					

07 높은 역치 감각 특성

이름	특성	지원 전략
낮은 등록	- 강력한 감각 자극 필요, 환경에 무관심, 무감각해보임 - 수동적인 자기 조절 전략 사용	- 감각의 강도, 빈도, 지속시간 증가 - 자료의 자극(색, 향) 추가, 무게감 있는 조끼, 신체 접촉 추가
감각 추구	- 강력한 감각 자극 필요, 일상에서 다양한 감각 자극 추구(상동행동) - 적극적인 자기 조절 전략 사용	- 활동 내 감각 추구 기회 제공 - 자료 나누어 주기, 무게감 있는 조끼, 남는 손에 촉각 자극 제공

08 낮은 역치 감각 특성

이름	특성	지원 전략
감각 민감	- 수동적인 자기 조절 전략 사용 - 자극에 민감 반응으로 산만함 - 환경 변화에 대한 불안	- 자극의 구조화를 통한 예측 가능성 증가 - 예기치 않은 자극 유입 차단
감각 회피	- 적극적인 자기 조절 전략 사용 - 회피, 활동 참여 거부	- 자극 최소화, 예측 가능한 자극 제공 - 활동 여러 단계로 나누어 제시

09	교수 맥락 만들기	물리적 환경배열	- 교실을 각각의 기능을 가진 공간으로 나누어 시각적 경계를 통해 아동이 알 수 있도록 하기
		시간 구조 확립	- 활동에 걸리는 시간 안내하기 - 프리맥의 원리, 행동 타성 등을 이용하여 활동의 변화 주기 - 일일 일정표, 작업 일정표를 통한 활동 묘사 - 타이머를 이용한 시작하기와 끝내기 가르치기 - 전환에 대해 알려주기
		정보 미리주기	- 학생에게 과제가 주어지기 전, 활동을 연습하게 해주어 예측 가능성을 향상시키기
10	혼자만의 공간 (진정 영역)		자극 수준을 낮게 유지는 장소로, 아동이 안정을 되찾거나 유지할 수 있는 공간으로 사용한다. 교사가 지시하거나 아동 스스로 선택해서 갈 수 있으며, 시각적 경계가 명백한 공간을 선정한다. 타임아웃이나 과제 회피를 위한 공간이 아니며, 강화를 받을 수 있고 집중을 유지할 수 있는 공간이다.

11	비연속 시행훈련 (DTT)	기본 개념		구조화된 교수 환경에서 집중적인 교수를 실시하고, 시행 간 간격을 두어 아동이 특정 기술을 능숙하게 하도록 하는 전략
		단계		주의 집중 – 자극 제시(필요 시 촉진) – 아동의 반응 – 교사의 피드백 – 시행 간 간격
		유형	집중시행	여러 번 연속해서 실시
			분산시행	훈련 회기 동안 분산하여 실시
			집단시행	시행을 분산하여 모델링을 유도
		장점		학습기회가 많고 학생의 개별적인 요구에 맞게 교수 수정 가능
		단점		분명한 단서가 없을 때는 학생 스스로 행동하기 어려우며, 엄격한 교수 환경으로 인해 배운 기술을 일반화하기 어려움

12. 기능적 의사소통 훈련 (FCT)

기본 개념	문제행동의 기능을 파악하여 기능이 동일하고 사회적으로 수용 가능한 의사소통 기술을 지도하는 전략		
단계	기능평가 - 기능적 의사소통 훈련 실시 - 부가적인 기능 중심 행동지원 개발		
고려 사항	반응 일치	기술과 문제행동의 기능이 일치하는가?	
	반응 완성	기술이 바람직한 결과를 얻는가?	
		반응 효율성	기술은 문제행동보다 빠르고 쉽게 원하는 결과를 얻어야 함
		반응 수용성	기술은 환경 안에서 다른 사람들이 받아들여야 함
		반응 인식성	기술은 주변 사람들이 쉽게 알아야 함
	반응 환경	기술이 다른 환경에서도 동등한 기능으로 작용하는가?	
	문제행동에 대한 결과	문제행동이 기능적으로 작용하지 않는가?	

13. 중심축 반응훈련 (PRT)

동기유발	① 학습자 관심 유발 ② 함께 조절하기 ③ 학습자 선택 활용 ④ 다양한 활동·교재·반응 활용 ⑤ 습득된 과제·유지 과제 함께 사용 ⑥ 시도 강화하기 ⑦ 즉각·자연적 강화 사용
복합단서에 반응하기	습득한 행동을 다양한 속성과 특징을 지닌 복잡한 요구에 반응하도록 하는 것 　　　① 자극 다양화 및 단서 증가　　② 강화스케줄 활용
자기관리	여러 상황 속에서 많은 사람과 다양한 행동을 하도록 일반화를 촉진함
자발적으로 시작행동하기 (=자기주도적 반응)	사회적 상황에서 상호작용 대상자에게 먼저 말을 걸거나 의사소통을 시도하는 행동 스스로 시작하는 상호작용을 통해 학습이 일어나는 일이 많음

| 14 | 그림교환 의사소통체계 (PECS) | 아동이 자신의 생각, 욕구, 감정을 표현할 때 그림을 통하여 의사소통하는 방법으로, 사회적 의사소통 능력을 향상시키기 위하여 개발되었다.
특징은 초기 단계에서 신체적 촉진을 사용하고, 2명의 교사가 필요하며, 언어적 촉진을 사용하지 않는다. |

단계	내용
교환개념 지도와 교환 훈련	- 선호물과 그림카드 교환하기
자발적 교환 훈련	- 훈련자1은 아동에게서 멀리 위치함 - 훈련자2는 아동이 정반응을 하도록 신체적 촉진
그림 변별 훈련	- 두 가지 이상의 그림을 변별하는 것을 습득 - 오반응 시 가지고 있지 않다고 말하며 정반응 유도 - 그림카드의 위치를 자주 바꿔주며 변별은 차차 줄임
문장 만들기	- 문장을 사용하여 '원하는 것 요청하기' 교수 - '나는 원해요' 옆에 원하는 사물 그림카드 붙이기
"뭘 줄까?"라는 질문에 대답하기	- "뭘 줄까?"라는 질문에 '나는 원해요' 카드로 답하기
질문에 답하면서 설명하기 - 새로운 의사소통 기능 가르치기	- 새로운 질문과 "뭘 줄까?" 질문에 적절히 대답하기 - 새로운 질문에 답할 경우 답한 것과 관련 없는 보상 제공

| 15 | 공동행동일과 | 아동의 친숙한 일과들의 일관성을 이용하는 교육으로, 자연적인 환경에서 아동의 언어 사용 기회를 증진시켜 의사소통 기능 향상과 의사소통의 상호호혜성을 추구한다.
활동은 예측 가능하고, 논리적이며, 반복 가능해야 하며,
고려사항으로 일과는 친숙해야 하고, 일과를 제시할 때 의사소통할 수 있는 기회를 함께 제공하며, 촉진은 점차 줄이도록 한다. |

16 TEACCH 프로그램

구조화된 교수의 원리를 이용한 프로그램으로, 미리 구성된 환경으로부터 단서를 얻어 스스로 과제를 수행하게 하는 전략이다.

물리적 구조화	- 시각적 정보를 통해 활동에 대한 정보 제공 - 환경적 지원 중 공간적 지원
일과의 구조화	- 하루에 일어나는 일의 계열을 조직화한 일과표를 통해 예측가능성 제공 (예. 과제 종류와 시간, 이후 과제, 좋아하는 과제 시간) - 환경적 지원 중 시간적 지원
과제 구성 (=과제 조직)	- 학생이 수행할 과제의 자료를 조직하는 것 - 시각적 정보를 통해 과제에 대한 정보 제공 (예. 과제 종류, 수행 방법, 점검 방법, 완성 확인 방법 등) - 학생은 과제 완성 전략 및 성취 목표를 학습
작업 시스템	- 독립적인 과제 수행을 통해 습득한 과제가 숙달될 수 있도록 시각적으로 조직화된 공간 - 작업 종류, 작업의 양, 종료 시점에 대한 정보 제공 - 왼편에서 오른편으로 작업을 수행하며 왼편에 자료가 없으면 작업이 끝남

17 사회적 상황이야기

사회적 상황에 대한 구체적인 정보를 제공하고 타인의 입장과 생각을 명시적으로 안내하여 적절한 사회적 행동을 설명하는 전략이다.

특징으로는 글자와 그림을 기반으로 하는 시각적 자료로, 자폐성장애 학생들의 강점인 시각적 능력을 활용하고, 개별 학생에게 적합한 내용과 문장으로 구성할 수 있으며, 타인의 감정을 이해하고 바람직한 사회적 행동을 수행하는데 도움을 줄 수 있다.

설명문	설명문	상황적 사실, 사회적 가치, 통념
	조망문	타인의 마음 상태, 생각, 느낌
	긍정문	일반적 사실, 사회적 규범, 규칙을 강조
코칭문	청자코칭문	학생이 할 수 있는 행동, 반응
	팀원코칭문	부모, 교사가 할 수 있는 행동
	자기코칭문	학생이 부모, 교사와 함께 이야기 검토 및 구성에 참여 학생 주도권 인정 및 이야기 회상을 통한 일반화 유도
미완성문		이야기 중 빈칸을 남겨 내용 이해 확인 및 다음 내용 추측

18	짧은 만화이야기 (=연재만화)	상황이야기와 같이 다양한 사회적 상황에서 상호작용 대상자들과 교류하는 중에 발생하는 다양한 정보를 이해할 수 있도록 시각적으로 안내하는 전략으로, 교사와 학생은 8컷 이하의 간단한 그림을 그리며 대화를 나눈다. 말풍선으로 타인의 생각과 느낌을 이해하며, 정서 표현을 위해 색을 활용할 수 있다. 상징의 종류로 대화 상징 사전은 듣기, 생각하기와 같은 기본적인 대화 개념이고, 사람 상징 사전은 학생들이 자주 사용하는 상징이다.

19	사회적 도해	기본 개념	- 학생들이 자신의 행동에 나타난 사회적 실수를 이해하도록 돕는 전략 - 상황이야기와는 달리 사회적 실수를 저지른 다음에 회고적인 형식을 취함
		장점	- 사회적 행동과 후속사건 간의 인과관계를 수립할 수 있고 - 사회적 행동에 대한 즉각적인 피드백을 통해 바람직한 행동을 강화시킬 수 있음 - 실수를 분석하여 반복하지 않도록 하여 아동의 사회적 상호작용 능력을 향상시킴
		요소	① 실수를 하게 된 주변 환경　④ 문제해결책 ② 사회적 실수의 내용　⑤ 향후 사회적 실수를 하지 않기 위한 계획 ③ 상처받은 사람

| 20 | 파워카드 | 사회적 상호작용 교수에 아동의 특별한 관심을 적용한 시각적 지원 방법으로, 2가지 요소로는 학생의 인지 수준으로 작성된 간단한 시나리오, 일반화를 위한 명함 크기의 파워카드가 있다.
시나리오 첫 번째 문단에는 영웅이 문제 상황을 해결이나 성공 경험을 제시하고, 두 번째 문단에는 습득할 행동을 구체적인 단계로 제시한다. |

CHAPTER 10

정서·행동장애

특수교육학 키워드를 효율적으로 인출하여 약점 극복하기

1. 정서·행동장애 정의 및 분류
   - 정의
     - 장특법
     - 정의의 어려움
   - 분류
     - 의학적 분류
     - 교육적 분류
       - 과잉통제
       - 통제 결여

2. 정서·행동장애의 원인
   - 위험요인
     - 생물학적 위험요인
     - 뇌손상과 뇌기능 이상
     - 기질
       - 순한 기질
       - 까다로운 기질
       - 느린 기질
   - 심리·사회적 위험요인
     - 심리적 요인
     - 사회적 요인
       - 가족
         - 양육
         - 학대
         - 애착
       - 또래
       - 학교
       - 지역사회
       - 대중매체
   - 보호요인

3. 정서·행동장애 선별 및 사정
   - 평가도구
   - 선별(SSBD)
     - 특징
     - 단계
     - 장점

정서·행동장애 구조도

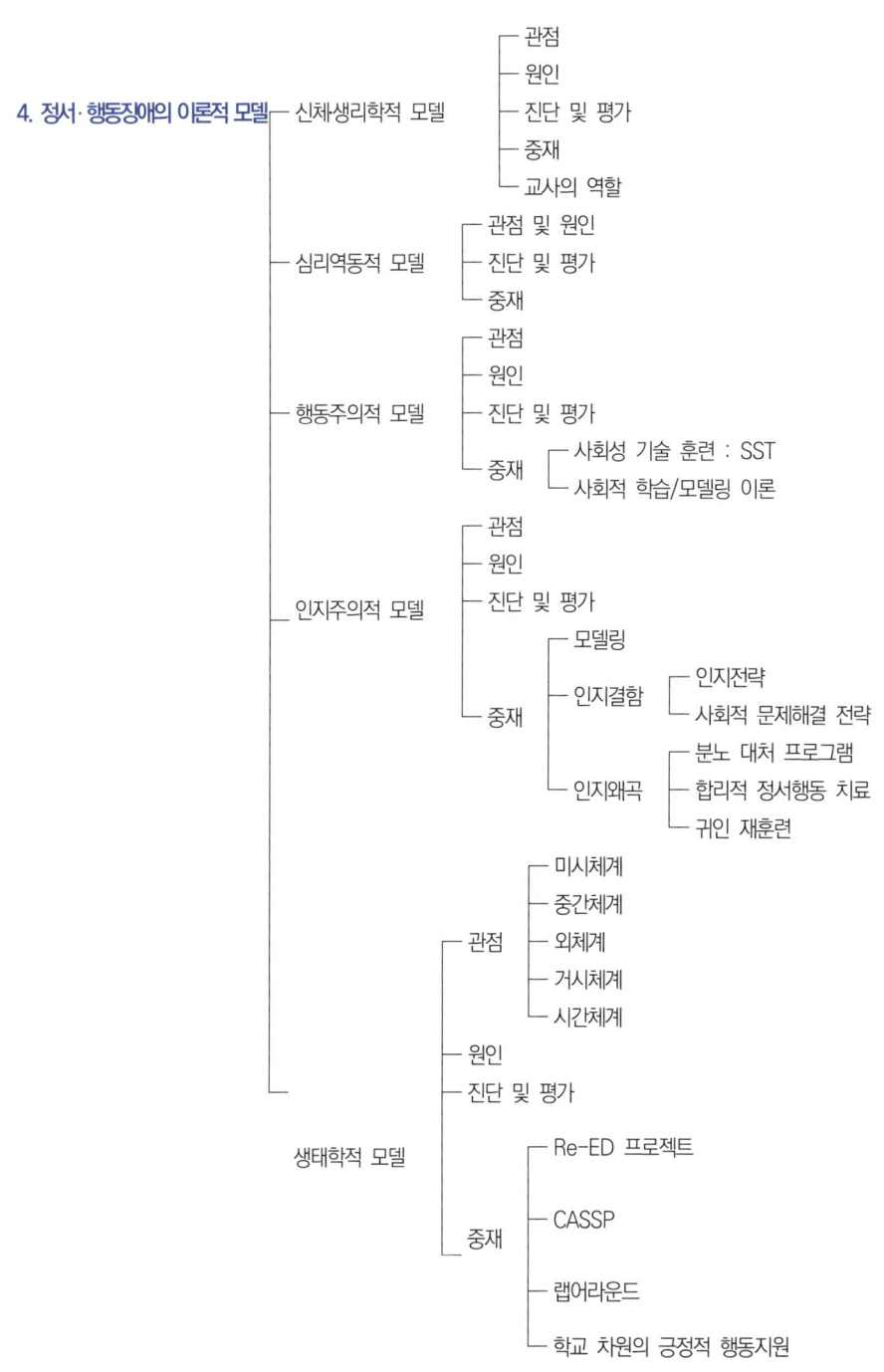

특수교육학 키워드를 효율적으로 인출하여 약점 극복하기

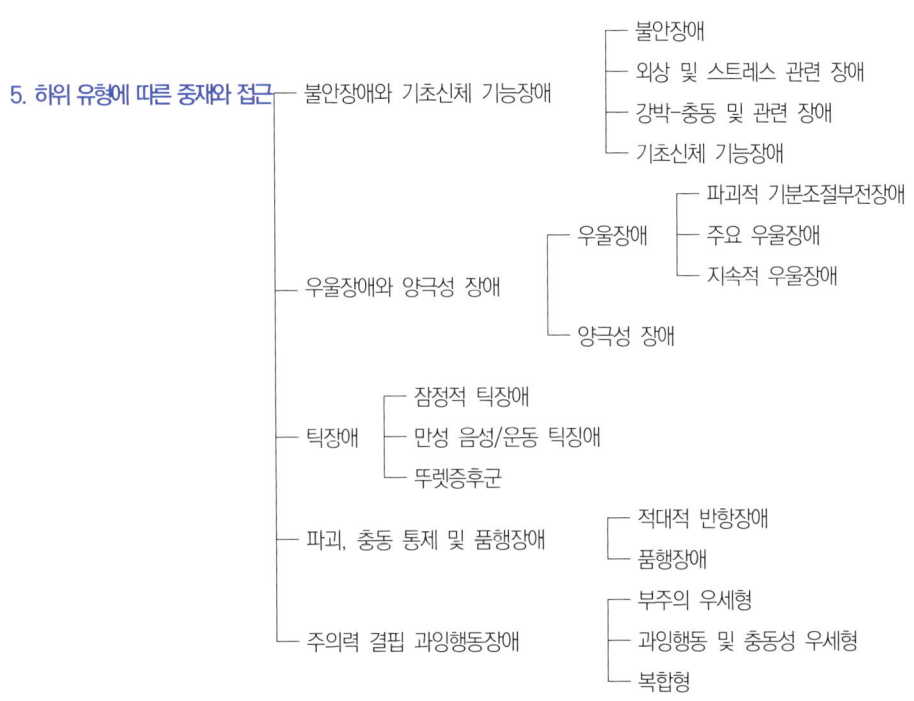

5. 하위 유형에 따른 중재와 접근
   - 불안장애와 기초신체 기능장애
     - 불안장애
     - 외상 및 스트레스 관련 장애
     - 강박-충동 및 관련 장애
     - 기초신체 기능장애
   - 우울장애와 양극성 장애
     - 우울장애
       - 파괴적 기분조절부전장애
       - 주요 우울장애
       - 지속적 우울장애
     - 양극성 장애
   - 틱장애
     - 잠정적 틱장애
     - 만성 음성/운동 틱장애
     - 뚜렛증후군
   - 파괴, 충동 통제 및 품행장애
     - 적대적 반항장애
     - 품행장애
   - 주의력 결핍 과잉행동장애
     - 부주의 우세형
     - 과잉행동 및 충동성 우세형
     - 복합형

10 정서·행동장애

KEYWORD LIST

- **01** 의학적 분류 문제행동의 3요소
- **02** 교육적 분류
- **03** 기질
- **04** 안정애착과 불안정애착
- **05** 아동·청소년 행동평가 척도 (K-CBCL)
- **06** 다관문 절차 (SSBD)
- **07** 신체 생리학적 모델
- **08** 심리역동적 모델
- **09** 행동주의적 모델
- **10** 인지주의적 모델
- **11** 생태학적 모델
- **12** 자기교수
- **13** 합리적 정서행동 치료 (REBT)
- **14** 귀인 재훈련
- **15** 불안장애 하위 유형
- **16** 불안장애 중재
- **17** 외상 및 스트레스 관련 장애
- **18** 강박-충동 및 관련 장애
- **19** 우울장애와 양극성 장애
- **20** 뚜렛증후군
- **21** 만성 음성/운동 틱장애
- **22** 잠정적 틱장애
- **23** 틱장애 중재 방법
- **24** 적대적 반항장애
- **25** 품행장애
- **26** 주의력 결핍 과잉행동장애 (ADHD)

01	의학적 분류 문제행동의 3요소	빈도, 강도(심각성), 지속시간(만성성)
02	교육적 분류	내재적 요인(과잉통제)은 우울, 위축, 불안 등과 같은 내면적인 어려움을 야기하는 상태들을 포함한다. 눈에 띄는 문제행동을 일으키지 않아 교사의 주의를 받기 어렵고, 이는 적절한 지원을 받지 못해 문제가 심각해질 가능성이 크다. 외현화 요인(통제결여)은 공격성, 반항행동 등 개인의 어려움이 타인, 환경을 향해 표출되는 상태를 포함한다. 교육적 분류의 장점은 낙인효과를 줄이고, 구체적이고 세분화된 중재를 제공할 수 있으며, 관심을 덜 받아왔던 내재화 문제에 관심을 높일 수 있다.

03 기질

정서행동장애의 생물학적 위험요인에 해당하며,
유전적 요인에 기반하여 평생 안정적으로 나타나는 기본 성향이다.

순한 기질	규칙적인 수면, 새로운 환경에 적응을 잘함
까다로운 기질	불규칙한 수면, 배변, 고집, 적대적 정서, 적응의 어려움이 있음
느린 기질	수동적이고 느리게 적응함

04 안정애착과 불안정애착

정서행동장애의 심리·사회적 위험요인에 해당하며,
애착은 아동과 양육자 사이에 형성되는 친밀한 정서적 유대감이다.

안정애착		- 어머니를 안전기지로 삼아 낯선 상황에도 주위를 탐색함 - 부모에 대한 신뢰를 바탕으로 타인과도 신뢰를 형성함
불안정애착	회피애착	- 어머니에게 별로 반응을 보이지 않음 - 낯선 사람과 있어도 울지 않고 어머니가 와도 무시, 회피함
	저항애착	- 일관성 없는 육아, 어머니와 함께 있어도 불안해함 - 어머니와 헤어질 때 강하게 저항하며, 돌아와도 화내고 거부함
	혼란애착	- 부모가 보이지 않으면 울지만, 돌아와도 얼어붙은 표정을 보임 - 부모에게 경제적 어려움, 심한 스트레스, 우울증인 경우 나타남

05 아동·청소년 행동평가척도 (K-CBCL)

ASEBA 검사는 부모보고형(CBCL), 교사보고형(TRF), 자기보고형(YSR)으로 구성되며, ASEBA 검사의 장점은 교차 정보제공을 통해 임상적으로 유용하고 미래 행동장애를 예언하는 힘이 강하다.

① 문제행동척도

(1) 문제행동증후군 척도			(2) DSM 진단척도	(3) 문제행동 특수척도
외현화	내재화	문제행동총점		
규칙위반 공격행동	불안/우울 위축/우울 신체증상	사회적 미성숙 사고문제 주의집중문제 기타 문제	정서문제 불안문제 신체화문제 ADHD 반항행동문제 품행문제	강박증상 외상 후 스트레스 문제 인지속도 부진

② 적응척도

CBCL에서 문제행동증후군 척도의 임상범위 점수를 알아야 한다.
상위척도(문제행동 총점, 내재화, 외현화)는 T점수 64이상인 경우 임상범위이며, 하위척도(규칙위반~기타 문제)는 T점수 70이상인 경우 임상범위에 해당된다.

06 다관문 절차 (SSBD)

정서·행동장애 선별을 위한 모델로, 학급의 모든 아동을 주의 깊게 생각해볼 수 있고, 외현화, 내재화 아동을 함께 고려한다는 장점이 있다.

1단계	- 담임교사가 자신의 학급에서 외현적, 내재적 행동을 보이는 학생 3명씩 추천
2단계	- 담임교사가 6명의 학생들을 대상으로 위기사건 척도와 문제행동 총 빈도척도 작성 - 규준 초과 시 3단계 절차의 대상
3단계	- 훈련된 관찰자가 학생의 수업 참여(교실)와 사회적 행동(운동장)을 직접 관찰 - 규준 초과 시 개별화 교육지원을 위한 평가 팀에 의뢰되거나 의뢰 전 중재 실시

07	신체 생리학적 모델	관점	문제는 개인의 내적인 측면에 존재한다고 가정하는 의료적 모델의 일종
		원인	유전적 요인, 뇌와 신경생리학적 요인, 기질적 요인
		평가	발달력, 신체기능 평가, 행동의 기능적 분석
		중재	유전공학, 심리 약물치료, 식이요법
		중재	의료전문가 : 약물, 의료 치료 교사 : 의뢰, 전문가와의 연락, 모니터링

08	심리역동적 모델	관점	정서적 성숙의 지체		
		원인	정신분석적 견해	프로이트	이드, 자아, 초자아의 상호작용 결함
				에릭슨	심리사회적 발달 단계에서의 고착
			인본주의 견해	매슬로우	5단계 욕구에서의 결핍
		평가	투사법, 자기보고식 검사		
		중재	인본주의적 교육, 환경 치료, 현실치료, 심리치료		

09	행동주의적 모델	관점	학습된 부적응적 행동으로 강화와 벌을 통해 조절 가능
		원인	수동적 조건화, 조작적 조건화, 사회학습(모델링)
		평가	체크리스트, 행동평정척도, 기능적 행동평가
		중재	강화와 벌, 사회성 기술훈련(모델링과 코칭 강조), 사회적 학습이론

10	인지주의적 모델	관점	인간내적과정에서의 인지결함(충동, 공격)과 인지왜곡(불안, 우울)
		원인	단기인지(기대, 평가, 귀인), 장기인지(비합리적 신념)
		평가	자기보고, 사고목록, 소리내어 생각하기
		중재	모델링, 인지결함 중재(초인지 전략, 사회적 문제해결 전략), 인지왜곡 중재(분노 대처 프로그램, 합리적 정서행동 치료, 귀인재훈련)

11	생태학적 모델	관점	학생의 행동과 환경과의 상호 작용		
		체계	미시체계	개인이 직접 경험하는 면대면 상호작용	부모, 교사
			중간체계	미시체계간의 상호작용	부모와 교사 관계
			외체계	직접 참여는 없지만 영향을 주는 상황	부모직장, 지역사회
			거시체계	하위체계에 일관되게 나타나는 것	문화, 법, 정치 환경
			시간체계	생애 전환점이 되는 사건	동생 출생, 입학
		평가	생태학적 사정		
		중재	Re-ED 프로젝트, CASSP, 랩어라운드, 학교 차원 긍정적 행동지원		

| 12 | 자기교수 | 자신의 행동을 규제하기 위해 자신에게 이야기하는 과정이다. |

자기교수 지도 전략

1단계	인지적 모델링	교사 : 큰 소리로 단계를 말하며 시범 보이기 학생 : 관찰
2단계	모델의 외현적 지도	교사 : 큰 소리로 단계 말하기 학생 : 교사의 지시에 따라 과제 수행하기
3단계	외현적 자기교수	학생 : 큰 소리로 단계를 말하며 과제 수행하기 교사 : 관찰하고 피드백 제공하기
4단계	외현적 자기교수의 점진적 감소	학생 : 작은 소리로 단계를 말하며 과제 수행하기 교사 : 관찰하고 피드백 제공하기
5단계	내면적 자기교수	학생 : 소리 없이 내적 언어를 사용하며 과제 수행하기

자기교수 과정

1단계	문제 정의	"내가 해결할 문제는 무엇이지?"
2단계	문제 접근	"어떻게 해야 하지?"
3단계	주의집중과 자기강화	"나는 계획한 대로 잘하고 있나?"
4단계	정답 선택	정답 고르기
5단계	자기 평가와 실패에 대한 교정	"나는 잘했나?"

13	합리적 정서행동 치료 (REBT)	비합리적 신념으로 인한 부정적 정서행동을 인지적 재구조화를 통해 합리적 신념으로 바꾸는 치료방법으로, 핵심은 ABCDE 모형이다. 선행사건(A)에 대한 비합리적 신념(B)으로 인해 부적절한 정서·행동적 결과(C)가 나타나므로 논박(D)을 통해 합리적 신념(B)으로 바뀌면 적절한 정서·행동적 효과(E)가 나타나게 된다.
14	귀인 재훈련	귀인이란 수행 성공과 실패의 원인에 대한 학생의 신념으로 3가지 차원이 있다. 인과성 소재는 원인의 출처로 내부, 외부로 나눌 수 있다. 안정성은 지속성을 근거로 한 변화 여부로 안정, 불안정으로 나눌 수 있다. 통제 가능성은 원인 통제 여부이며 가능, 불가능으로 나눌 수 있다.

구분	내부		외부	
	안정	불안정	안정	불안정
통제 가능	평소 노력	일시적 노력	교사의 편견	타인의 부정기적 도움
통제 불가능	능력	기분	과제 난이도	운

15	불안장애 하위 유형			
		분리불안장애	부모, 집, 특정 대상과의 분리에 대해 나이에 맞지 않게 과도한 불안을 보이는 것으로 대표적 특성은 학교 등교 거부가 있음	- 8가지 중 3가지 이상 - 4주 이상, 성인은 6개월 이상
		선택적 함묵증	다른 상황에서는 말을 잘하지만 특정한 사회적 상황에서는 말을 하지 않음	- 1개월 이상 - 첫 입학 후 1개월은 제외
		특정 공포증	특정 상황, 사물에 만성적인 두려움	- 6개월 이상
		사회적 공포증	사회적 상황에서 수치스럽게 행동할 것에 대한 강한 두려움	- 6개월 이상
		공황발작	강도 높은 두려움, 공포가 발작적으로 나타나 10분 이내에 없어짐	
		공황장애	예기치 못한 공황발작을 반복적으로 경험하여 공황발작이 재발할 것에 대한 불안을 보임, 광장공포증으로 연결될 가능성이 있음	- 13가지 중 4가지 이상 - 공황발작 이후 1개월 이상
		광장공포증	① 즉각적으로 피하기 어려운(곤란한) 장소, 상황, ② 공황발작이 일어났을 때 도움 받기 어려운 장소, 상황에 처해 있다는 불안	- 6개월 이상
		일반화된 불안장애	특정 대상, 상황이 없는 만성적 과도 불안	- 6가지 중 3가지 이상 - 6개월 이상

16	불안장애 중재	모델링	두려운 사물, 상황에 다른 사람이 두려워하지 않고 바람직하게 행동하는 것을 보여줌	
		체계적 둔감법	두려운 사물, 상황을 가장 약한 자극부터 상상하여 점진적으로 노출함	
		실제상황 둔감법	두려운 사물, 상황을 가장 약한 자극부터 실제로 접하여 두려움을 중화함	
		정동홍수법	초기에 불안을 일으키는 정도가 가장 심한 자극에 오랫동안 노출함	
		재노출법	정신적 충격을 일으킨 사건을 중재자와 함께 안전하고 지원적인 환경에서 재검토하고 재생함	
		자기통제 기술	스스로 자기관리 기술을 사용하여 불안을 감소함	
		이완훈련	깊고 느린 호흡기법, 근육이완, 심상을 통해 긴장 수준을 낮춤	
17	외상 및 스트레스 관련 장애	외상 후 스트레스 장애	한 번 혹은 반복 경험했던 치명적인 사건을 재경험하며 지속적으로 강한 불안 증상	1개월 이상
		반응성 애착장애	발달적으로 부적절한 애착 행동 양상	만 5세 이전
		급성 스트레스 장애	외상성 사건 직후 ① 사건을 반복적으로 기억하는 것을 통제하지 못함 ② 특정 부분을 기억하지 못함 ③ 부정적 기분을 느낌 ④ 관련 장소, 사람을 회피함	3~30일 내
		적응장애	심리사회적 스트레스로 인해 정서·행동적으로 부적응적 반응	3개월 내

18 강박-충동 및 관련 장애

강박-충동장애	강박(비합리적인 생각을 반복)과 충동(특정 의식, 행동을 반복)이 나타나는 증상	
신체추형장애	자신의 외모에 1가지 이상의 결함에 집착하여 외모 걱정으로 인한 반복적인 행동, 정신적인 행동을 하는 증상	

+ 저장강박장애, 털뽑기장애, 피부뜯기장애

19 우울장애와 양극성 장애

파괴적 기분조절 장애	- 지속적으로 초조해하거나 극단적으로 행동을 조절하지 못함(울화 폭발) - 양극성 장애 과잉진단 예방		- 만 10세 이전 - 일주일에 3번 이상 - 12개월 이상
주요 우울장애	- 우울 기분과 흥미, 즐거움의 상실이 나타남		- 9가지 중 5가지 이상 - 연속 2주 동안 지속
지속적 우울장애	- 만성적 주요 우울장애와 기분부전장애를 통합한 증상		- 성인 최소 2년 - 아동·청소년 최소 1년
양극성 장애	양극성 장애 I	- 조증(비정상적으로 들뜬 기분) 삽화와 주요 우울장애	- 매일, 최소 일주일 이상
	양극성 장애 II	- 경조증 삽화와 주요 우울장애	- 매일, 최소 4일 연속

20	뚜렛증후군	18세 이전에 여러 가지 운동틱과 한 가지 이상의 음성틱이 첫 틱이 나타난 시점부터 1년 이상 지속되며 악화와 완화를 반복한다.		
21	만성 음성/운동 틱장애	18세 이전에 한 가지 또는 여러 가지 운동틱 또는 음성틱이 첫 틱이 나타난 시점부터 1년 이상 지속되며 악화와 완화를 반복한다.		
22	잠정적 틱장애	18세 이전에 한 가지 또는 여러 가지 운동틱 또는 음성틱이 첫 틱이 나타난 시점부터 1년 미만으로 나타난다.		
23	틱장애 중재 방법	상황역실행		틱이 발생할 때마다 30초씩 스스로 틱을 하도록 지도하고 틱이 일어나지 않도록 지도하는 것으로, 무의식적인 틱을 의식적 행동으로 바꾸는 과정
		습관반전	틱 알기 훈련	틱의 본질, 빈도, 선행사건, 후속결과 파악하기
			경쟁반응 훈련	틱 또는 전조가 발생하면 2분 동안 경쟁반응하기
			이완 훈련	스트레스 상황에서 자각 수준을 낮추기
			상황관리 훈련	동기를 높이는 후속사건 중심의 중재법, 틱을 줄여 얻는 이점 생각하기

24	적대적 반항장애	기본 개념	- 품행장애의 발달적 전조 - 화난 민감한 기분, 시비를 걸거나 반항적 행동, 보복적인 행동
		기준	- 8가지 항목 중 4가지 이상 - 6개월 이상 지속
		품행장애와의 차이점	- 타인의 권리를 침해하지 않음 - 사회적 규범을 위반하지 않음

25	품행장애	기본 개념	- 타인의 권리를 침해하고 사회적 규범을 위반하는 반사회적 행동을 지속·반복적으로 보임
		특징	- 공격행동 : 사람과 동물에 대한 공격성, 재산/기물 파괴 - 규칙위반 행동 : 사기 또는 절도, 심각한 규칙위반
		기준	- 15가지 항복 중 3가지 이상 - 12개월 동안
		유형	- 아동기 발병형 : 10세 이전 - 청소년 발병형 : 10세 이후

26	주의력 결핍 과잉행동장애 (ADHD)	대표 특성	부주의	산만하여 주의집중을 못함
			과잉행동 및 충동성	가만히 있지 못하고 끊임없이 움직이거나 성급한 행동
		진단 기준		- 12세 이전, 6개월 이상 - 부주의 9가지 중 6가지 이상 - 과잉행동 및 충동성 9가지 중 6가지 이상
		유형	복합형	부주의, 과잉행동 및 충동성 모두 부합하는 경우
			부주의 우세형	부주의에는 부합하지만 과잉행동 및 충동성에는 부합하지 않는 경우
			과잉행동 및 충동성 우세형	부주의에는 부합하지 않지만 과잉행동 및 충동성에는 부합하는 경우

> **ADHD** DSM-5 진단기준에서 부주의 행동과 과잉행동 및 충동성 행동의 예시를 비교하고 구분하기!

CHAPTER 11 학습장애

특수교육학 키워드를 효율적으로 인출하여 약점 극복하기

1. 학습장애의 이해
   - 정의
     - DSM-5
     - 국내의 학습장애 정의
     - 정의에 공통적으로 포함된 핵심 개념들
   - 하위 유형
     - 발달적 / 학업적 학습장애
     - 언어성 / 비언어성 학습장애

2. 학습장애의 진단과 판별
   - 능력-성취 불일치 접근법
   - 중재반응 모델(RTI)
     - 기본 개념
     - 특성
     - 검사도구
     - 유형
     - 평가과정
     - 장단점
   - 인지처리과정 결함 접근법
   - 저성취 모델

학습장애 구조도

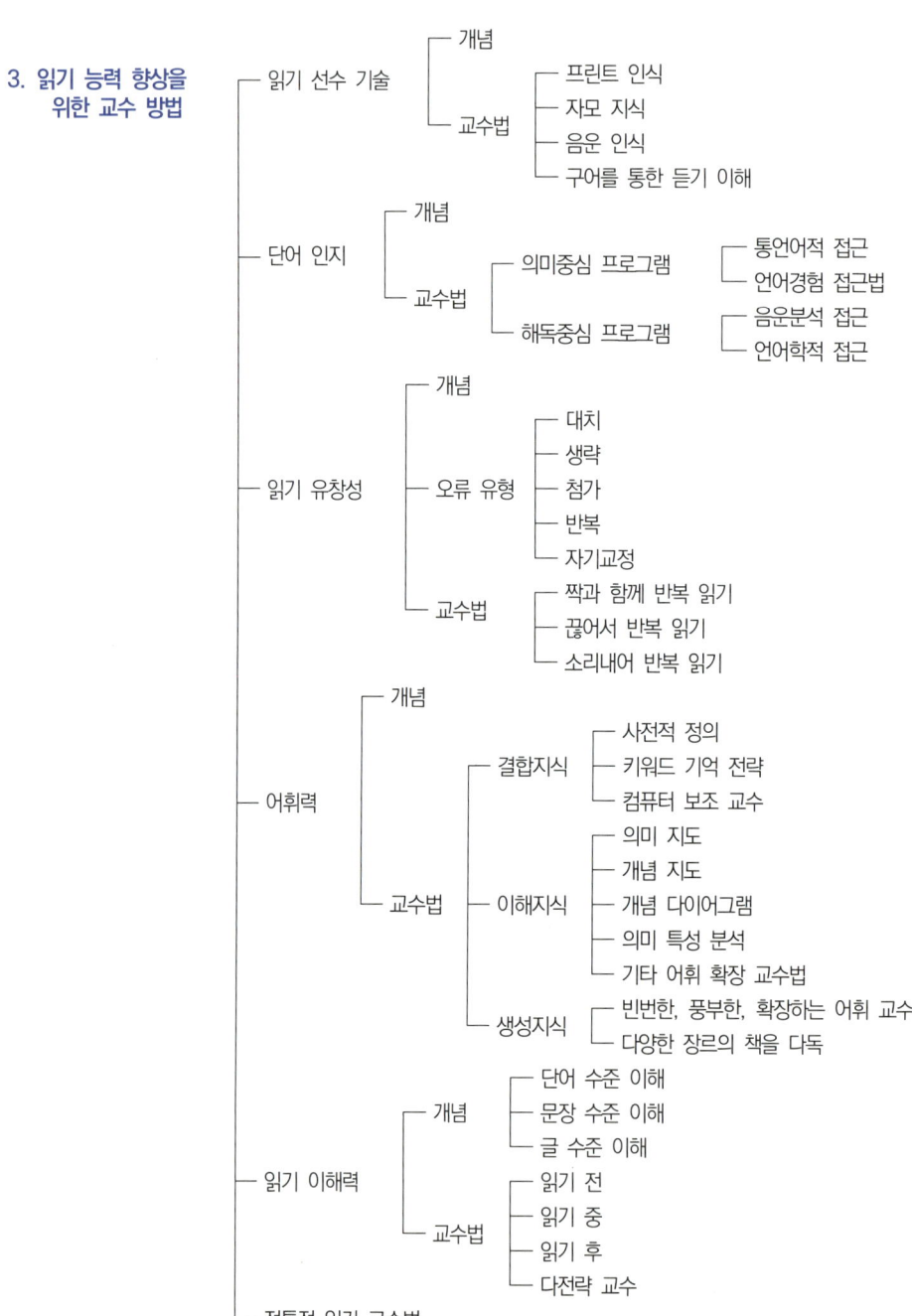

특수교육학 키워드를 효율적으로 인출하여 약점 극복하기

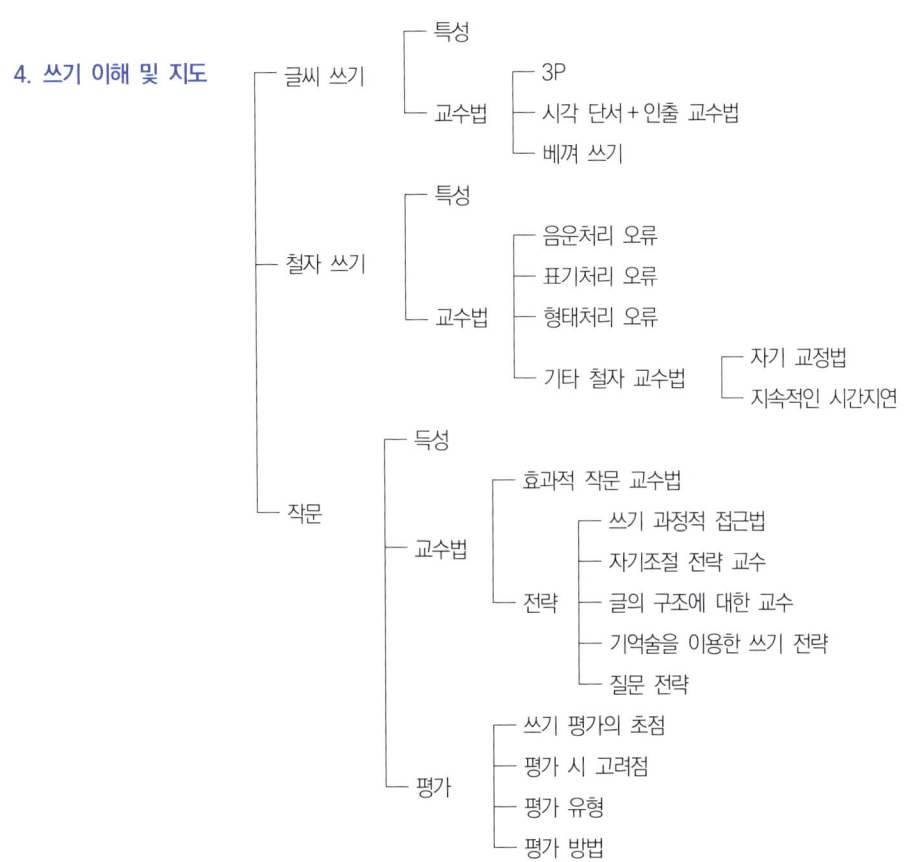

4. 쓰기 이해 및 지도
 - 글씨 쓰기
   - 특성
   - 교수법
     - 3P
     - 시각 단서 + 인출 교수법
     - 베껴 쓰기
 - 철자 쓰기
   - 특성
   - 교수법
     - 음운처리 오류
     - 표기처리 오류
     - 형태처리 오류
     - 기타 철자 교수법
       - 자기 교정법
       - 지속적인 시간지연
 - 작문
   - 특성
   - 교수법
     - 효과적 작문 교수법
   - 전략
     - 쓰기 과정적 접근법
     - 자기조절 전략 교수
     - 글의 구조에 대한 교수
     - 기억술을 이용한 쓰기 전략
     - 질문 전략
   - 평가
     - 쓰기 평가의 초점
     - 평가 시 고려점
     - 평가 유형
     - 평가 방법

학습장애 구조도

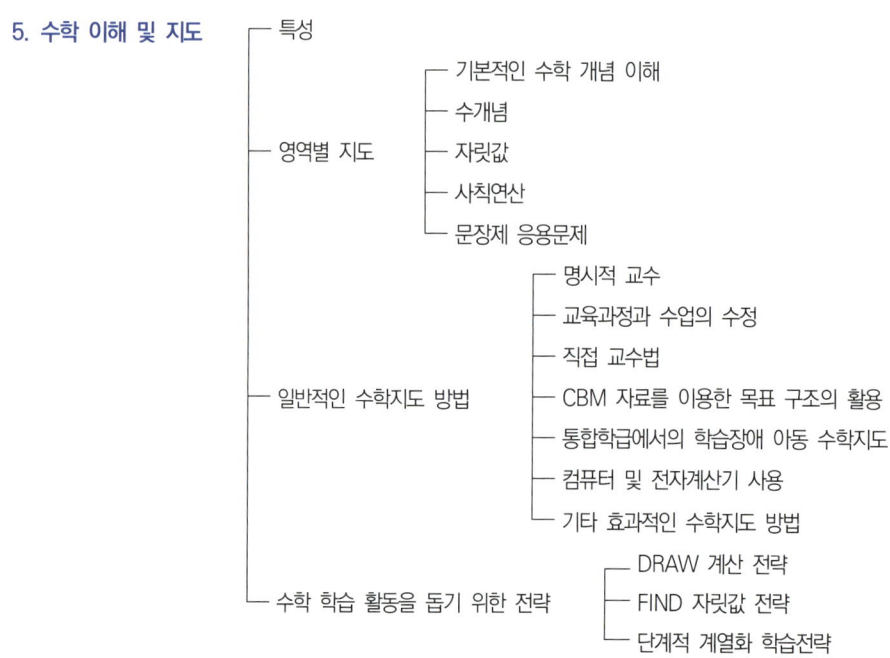

특수교육학 키워드를 효율적으로 인출하여 약점 극복하기

6. 내용 교과 지원 전략
   - 학습 안내지
     - 학습 안내지
     - 워크 시트
     - 안내노트
   - 그래픽 조직자
     - 정의
     - 유형
       - 계층형
       - 연속형
       - 개념형
       - 순환형
       - 비교 대조형
       - 매트릭스형
     - 고려사항
     - 활용
       - 개념 비교표
       - 개념 다이어그램
       - 의미 특성 분석
       - 단원 구성도
   - 기억 전략
     - 핵심어 전략(키워드 전략)
     - 페그워드 전략
     - 문자 전략
     - 기타 기억전략

7. 학습장애 학생을 위한 학습전략
   - 과정 중심 교수법
   - 전략중재 모형
   - 통합전략 교수법
   - 정밀교수
   - 특정 시험전략
   - 노트필기 전략
   - 직접 교수법

학습장애 구조도

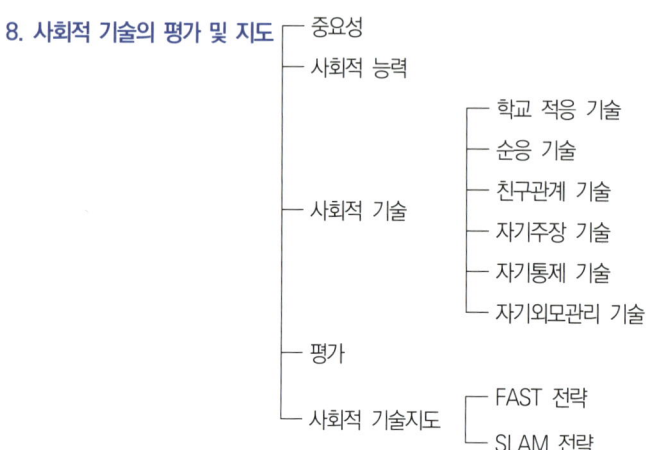

8. 사회적 기술의 평가 및 지도
   - 중요성
   - 사회적 능력
   - 사회적 기술
     - 학교 적응 기술
     - 순응 기술
     - 친구관계 기술
     - 자기주장 기술
     - 자기통제 기술
     - 자기외모관리 기술
   - 평가
   - 사회적 기술지도
     - FAST 전략
     - SLAM 전략

11 학습장애

KEYWORD LIST

01 학습장애 DSM-5 정의
02 학습장애 진단·평가 영역(6)
03 능력-성취 불일치 접근법 기본 개념
04 학년수준 편차공식
05 표준수준 비교공식
06 회귀공식
07 중재반응 모델(RTI) 기본 개념
08 중재반응 모델(RTI) 평가과정
09 교육과정 중심측정 (CBM)
10 인지처리과정 결함 접근법
11 읽기 하위 기술
12 음운인식의 하위 기술
13 단어 인지 교수법
14 일견단어 교수법
15 언어경험 접근법
16 해독중심 프로그램
17 읽기 유창성 3요소
18 읽기 유창성 오류 유형
19 읽기 유창성 교수 시 고려점
20 읽기 유창성 교수 유형
21 파트너 읽기
22 단락 축소
23 예측 릴레이
24 어휘 지식 수준
25 사전적 정의
26 키워드 기억 전략
27 의미 지도
28 개념 지도 및 개념 다이어그램
29 의미 특성 분석
30 빈번한, 풍부한, 확장하는 어휘 교수 및 다독
31 읽기 이해 수준
32 읽기 전 전략
33 읽기 중 교수
34 읽기 후 교수
35 상보적 교수
36 K-W-L
37 쓰기 유창성
38 시각 단서
39 인출 교수법
40 베껴 쓰기
41 철자쓰기 정의 및 오류 유형
42 자기 교정법
43 지속적인 시간지연
44 작문과 잘 쓴 글의 특징
45 쓰기 과정적 접근법
46 쓰기 과정적 접근법의 교사 역할
47 자기조절 전략 교수
48 글 구조에 대한 교수
49 수학 관련 인지적 특성
50 CSA 계열
51 수 세기 전략
52 자릿값 구성요소
53 덧셈 오류 유형
54 두 자릿수 이상의 덧셈 교수
55 뺄셈 오류 유형
56 두 자릿수 이상의 뺄셈 교수
57 곱셈 오류 유형
58 곱셈 교수 전략
59 나눗셈 오류 유형
60 포함제와 등분제
61 나눗셈 교수 전략
62 문장제 응용 문제 필요 능력
63 핵심어 전략
64 시각적 표상화 전략
65 전략 교수
66 계산기 사용 시 효과와 고려점
67 학습 안내지
68 워크 시트
69 안내노트
70 그래픽 조직자 유형
71 핵심어 전략
72 페그워드 전략
73 문자 전략
74 기타 기억전략
75 정밀교수
76 직접 교수법
77 사회적 기술의 평가
78 자기보고법
79 지명도 측정법 (교우도 검사)
80 FAST 전략
81 SLAM 전략

01	학습장애 DSM-5 정의	① 특정학습장애로 통합하고 하위 요소를 차원적(경도,중도,최중도)으로 분류 ② 불일치 진단기준을 삭제하고 교육적 아이디어(RTI)를 수용 ③ 생애주기를 고려하여 저성취 기준이 도입되어 학습장애 진단 시기를 확장 ④ 지적, 시청각, 신경학, 심리사회, 언어 등의 배제 요인을 제시하여 과잉진단 방지 ⑤ 난독증과 난산증 개념을 제시
02	학습장애 진단·평가 영역(6)	① 지능검사 ④ 시지각발달검사 ② 기초학습기능검사 ⑤ 지각운동발달검사 ③ 학습준비도검사 ⑥ 시각운동통합발달검사
03	능력-성취 불일치 접근법 기본 개념	지적 능력과 실제 성취수준 간의 불일치를 통해 학습장애를 판단하는 방법으로, 문제점으로는 실패를 기다리는 모델이라 조기 선별 및 조기 중재가 어렵고, 지능은 학생의 잠재능력의 척도가 아니며, 학생의 학교교육 이전의 교육경험을 통제할 수 없으므로 교육경험의 부족으로 인한 학습의 어려움과 구분하기 어렵다는 점이 있다.
04	학년수준 편차공식	기대되는 학년 수준과 실제 학년 수준 사이의 차이를 통해 불일치 정도를 파악하는 것으로, 초등 고학년은 1.5학년, 중등은 2학년, 고등은 2.5학년 이상의 차이를 기준으로 한다. 장점으로는 계산이 용이하지만, 단점으로는 지능과는 상관없이 생활연령에 근거하여 기대되는 학년 수준을 산출하기 때문에 지적문제가 있는 학생이 학습장애로 과잉 판별되는 현상이 나타난다.

05	표준수준 비교공식	지능지수와 학업성취 점수를 표준점수로 변환하여 두 점수를 비교하는 방법으로, 이 중 표준점수 공식은 평균이 100이고 표준편차가 15인 표준점수로 변환한 후 비교하는 것이다. 두 점수 간 차이가 1~2 표준편차 이상일 때 현저한 불일치를 보이는 것으로 평가한다. 단점으로는 두 측정값이 완전한 상관이 아닐 때 나타나는 '평균으로의 회귀현상'이 나타나기 때문에 지능이 높은 학생을 과잉 판별하고 낮은 학생을 과소 판별하는 문제가 있다.
06	회귀공식	평균으로 회귀하는 현상을 통계적으로 재조정한 공식이며, 통계적 복잡성으로 인해 학교 현장에서 적용하는 데 다소 어렵다.
07	중재반응 모델(RTI) 기본 개념	학습문제를 가진 학생을 조기에 선별하여 조기 중재를 실시하고, 중재에 대한 학생의 반응을 연속적으로 평가하여 학습장애를 진단하는 모델이다. 장점으로는 진단보다는 교육에 초점을 맞추어 예방이 가능하고, 조기발견 및 조기진단이 가능하다. 평가-교수계획, 성취도 점검 등을 유기적으로 연결시킬 수 있으며, 학습부진과의 구별이 가능하다.

08	중재반응 모델(RTI) 평가과정	1단계 일반교육	- 모든 학생들을 대상으로 일반교육 실시 - 국어, 수학에 대한 교육과정중심측정(CBM) 또는 표준화된 학력평가(연 2회) 실시
		2단계 지원교육	- 1단계에 반응하지 않은 학생들을 대상으로 소집단 중심의 지원교육(10~15주) 실시 - 교육과정중심측정(CBM)을 통해 2주에 1번씩 진전도 모니터링
		3단계 특수교육	- 2단계에 반응하지 않은 학생을 대상으로 집중적, 개별화된 중재 실시 - 교육과정중심측정(CBM)을 통해 2주에 1번씩 진전도 모니터링 - 목표 수준 미성취 시 학습장애 적격성 판정을 위해 특수교육 평가에 의뢰

09	교육과정 중심측정 (CBM)	교육과정 중심측정(CBM)은 주요 교과영역인 읽기, 쓰기, 수학영역에서 활용될 수 있는 검사도구로, 검사 시간이 1~3분으로 짧게 소요되어 편의성이 높다. 진전도는 CBM 검사를 3회 이상 측정한 이후 기울기와 마지막 회기 측정값을 이용하여 평가하며, 반 평균에 비해서 현격히 낮은 기울기와 낮은 마지막 회기 측정값을 가진 경우 이중 불일치라고 하며, 이 경우 중재에 대해 반응을 보이지 않는다고 표현한다.
10	인지처리과정 결함 접근법	기본적인 심리처리 과정, 인지처리과정의 결함으로 인해 특정 교과 영역의 학습에 어려움을 준다는 관점으로, 전반적인 인지능력에는 영향을 미치지 않는다. 이러한 특징은 개인 내, 개인 간 특징과 비교·분석할 수 있으며, 특징적인 결과로 특정 영역에서 일반학생은 정상범주에 있지만, 학습부진 학생은 IQ와 상관없이 부진이 나타난다.
11	읽기 하위 기술	읽기는 글에서 의미를 얻는 복잡한 과정이다.

성공적인 읽기를 위한 5가지 지식과 기술

읽기 선수기술	향후 읽기 능력을 갖추기 위해 필요한 선수기술
단어 인지	단어를 소리내어 정확하게 읽고 그 의미를 파악하는 것
읽기 유창성	글을 빠르고 정확하고 표현력 있게 읽는 것
어휘	개별 단어에 대한 지식과 더불어 문맥에서 단어의 의미를 유추하고, 단어와 단어 사이의 연관성을 이해하고 문맥에 적절한 단어를 활용하는 능력
읽기 이해	글과의 상호작용을 통해 글의 의미를 파악하는 능력

12	음운인식의 하위 기술	읽기 선수기술 중 음운인식은 말소리를 식별하는 능력으로, 읽기 능력과 높은 상관이 있으며, 향후 읽기 능력을 예측하는 강력한 변인이다.

음운 인식 단위(ex.갑)		음운 인식 과제 유형	
음절	갑	변별	여러 단어 중 특정 단위가 포함된 단어 찾기
		분리	단어에서 특정 단위를 분리해서 말하기
초성-각운	ㄱ-압	합성	특정 단위와 단위를 합쳐 말하기
음절체-종성	가-ㅂ	분절	특정 단위를 따로 나누어 말하기
		탈락	특정 단위를 빼고 말하기
음소	ㄱ, ㅏ, ㅂ	대치	특정 단위를 바꿔 말하기

13	단어 인지 교수법	단어인지 능력을 향상시키기 위한 프로그램은 2가지로 의미중심 프로그램은 의미 형성을 위한 전체적인 학습활동으로서 읽기 활동을 전개하는 것으로, 유형에는 통언어적 접근과 언어경험적 접근이 있다. 해독중심 프로그램은 문자해독과 관련된 개별 기능을 가르치는 것으로, 낯선 단어를 기능적으로 인식하게 하는 활동에 초점을 둔다. 유형에는 음운분석적 접근과 언어학적 접근이 있다.
14	일견단어 교수법	통언어적 접근에서 사용하는 방법으로, 단어의 반복적인 노출을 통해 시각적 형태를 기억하도록 하고 음과 의미를 연합시키는 것이다.

15	언어경험 접근법	읽기 활동과 말하기, 듣기, 쓰기 활동을 통합하는 것으로, 학생이 자신이 경험한 이야기를 말하면, 교사가 기록하고 그 결과물을 학생이 읽는 방법이다. 장점으로는 학생의 경험을 활용하기 때문에 학생의 학습동기를 높이고, 언어와 함께 사고력도 개발할 수 있지만

단점으로는 지침이 없어 저경력 교사가 활용하기 어렵고, 계획된 활동이 아니기 때문에 학생이 지루해하기 쉬우며, 학생의 어휘력에 의존하는 것에 비해 어휘력 개발을 위한 프로그램이 존재하지 않는다는 점이 있다.

1단계	토의 하기	교사는 학생이 경험에 대해 말하도록 동기를 부여하고 주제에 대해 토의한다. 학생의 생각을 끌어내고, 자신의 방식으로 표현하도록 격려하며, 교정은 피하고, 필요시 단어를 제시하고, 개방형 질문을 사용한다.
2단계	받아 쓰기	교사는 학생이 경험에 대해 말하면 자신감을 손상시키지 않도록 교정하지 않고 그대로 기록한다.
3단계	읽기	교사는 정확히 기록했는지 확인하도록 읽어주고, 확인이 되면 학생이 친숙해질 때까지 여러 번 읽도록 하며 필요시 도움을 준다. 읽기를 어려워하는 학생이 있으면 함께 읽다가 모르는 단어는 묵독을 통해 표시하고 다시 소리 내어 읽는다.
4단계	단어 학습	새로 나온 단어, 어려운 단어, 배우고 싶은 단어를 학습한다.
5단계	다른 자료 읽기	학생이 자신의 이야기에서 다른 이야기를 읽는 과정으로 나아가도록 하여 읽기에 대한 자신감과 기술을 향상시킨다.

16	해독중심 프로그램	음운분석적 접근은 문자와 음소의 대응관계에 대한 지식을 활용하는 것으로, 유형에는 합성 파닉스, 분석 파닉스, 유추 파닉스, 임베디드 파닉스가 있다. 언어학적 접근은 의사소통을 중심으로 한 문자해독 읽기 활동을 강조하고 단어 자체를 문자해독의 단위로 설정한다. 이때 사용하는 단어들은 철자, 발음이 유사한 것들이다.

17	읽기 유창성 3요소	속도, 정확성, 표현력	

18	읽기 유창성 오류 유형		
	유형	의미	하위 유형
	대치	제시된 어절에 특정 요소를 바꾼 경우	의미 대치, 무의미 대치, 형식형태소 대치
	생략	제시된 어절에 특정 요소를 생략한 경우	전체 어절 생략, 형식형태소 생략
	첨가	제시된 어절에 새로운 요소를 첨가한 경우	전체 어절 첨가, 형색형태소 첨가
	반복	제시된 어절의 특정 요소를 반복하는 경우	전체 어절 반복, 첫 음절 반복, 부분 어절 반복
	자기교정	오류를 보인 후 자기 스스로 교정하여 정반응하는 경우	

19	읽기 유창성 교수 시 고려점	① 읽기 유창성 교수에 필요한 기본적 읽기 기술인 단어인지 능력이 있어야 한다. ② 글에 포함된 단어 약 90%이상을 학생이 정확하게 읽을 수 있는 글을 선택한다. ③ 동일한 글을 3번 이상 소리내어 반복하여 읽도록 한다. ④ 글을 유창하게 읽는 사람이 먼저 시범을 보인다. ⑤ 오류를 보이면 체계적인 오류 교정 절차를 적용한다.

20	읽기 유창성 교수 유형	짝과 함께 반복 읽기	① 글을 유창하게 읽는 학생(A) - 덜 유창하게 읽는 학생(B) 짝 정하기
			② B가 글에 포함된 단어 90%를 정확하게 읽을 수 있는 지문 선택하기
			③ 교사는 절차를 명시적으로 설명하고 시범 보이기, 학생은 절차를 연습해보며 숙지하기
			  (1) 각자 3분씩 읽기(A부터) (4) 읽기유창성 점수 계산하기
			  (2) 체계적 오류교정 (5) 읽기유창성 그래프 그리기
			  (3) 각자 1분씩 잘 읽기
			④ 짝과 함께 반복 읽기 적용하기

		+ PALS	파트너 읽기 - 단락 축소 - 예상릴레이
		끊어서 반복 읽기	끊어 읽기와 반복 읽기를 결합한 교수법으로, 글을 구성하는 문장을 구, 절단위로 끊어서 제시하는 방법은 표현력 향상에 효과적임
		소리내어 반복 읽기	테이프 활용하여 읽기 테이프로 유창하게 읽는 내용을 들으며 책 읽기 역할 수행 책 속에서 주어진 역할을 연습하고 수행하여 유창하게 읽기
21	파트너 읽기		① 튜터부터 돌아가면서 큰 소리로 읽기 ┐ ② 튜터가 튜티 오류 수정하기 ├ 읽기 유창성에 도움 ③ 튜티는 읽은 내용을 다시 말하기 ── 읽기 이해에 도움
22	단락 축소		① 튜터부터 돌아가면서 큰소리로 단락 읽기 ② 튜티가 10단어 이하로 내용 요약하기 ③ 튜터가 튜티 오류 수정하기
23	예측 릴레이		① 다음에 무슨 일이 일어날지 예측하기 ② 예측한 내용이 맞는지 확인하기 ③ 역할을 교대로 돌아가며 수행하기

| 24 | 어휘 지식 수준 | 어휘는 단어가 모여서 이루어진 집합으로, 어휘 지식의 유형은 2가지이다. 양적 어휘 지식은 어휘의 양을 의미하고, 질적 어휘 지식은 어휘의 깊이를 의미한다. 질적 어휘 지식의 수준은 3가지로 나누어진다. |

유형	특징	교수방법
결합 지식	- 목표 어휘와 정의를 연결하는 것 - 단일 맥락에서 어휘 의미를 이해하기 때문에 충분한 이해 수준까지 도달하지 못함	- 사전적 정의 - 키워드 기억 전략(핵심어법) - 컴퓨터 보조 교수(CAI)
이해 지식	- 목표 어휘와 관련 어휘들을 연결지어 범주화하는 것으로 목표 어휘의 다양한 의미를 이해함 - 자신의 선행지식과 연결하여 새로운 어휘의 의미를 이해하고 어휘력을 확장함	- 의미지도 - 개념지도 - 개념 다이어그램 - 의미특성분석 - 기타 어휘확장교수법
생성 지식	- 여러 상황에서 어휘를 적용하는 것 - 비슷한 어휘들을 구분하고 다양한 어휘 범주를 이해함	- 빈번한, 풍부한, 확장하는 어휘 교수 - 다양한 장르의 책 다독

| 25 | 사전적 정의 | 결합지식의 지도방법 중 하나로 학생이 목표 어휘의 사전적 의미를 찾고 문장을 만들고 간단히 평가하는 형식이다. 어휘 이해 정도는 표면적인 수준이기 때문에 충분한 이해 수준까지 도달하지 못한다. |

| 26 | 키워드 기억 전략 | 결합지식의 지도방법 중 하나로 핵심어법이라고도 한다. 키워드는 학생이 이미 알고 있고 목표어휘와 청각적으로 유사하며, 키워드를 목표어휘와 연결시켜 시각적 이미지를 형성하는 방법을 통해 목표 어휘의 단순한 정의를 익힌다. |

27	의미 지도	이해지식의 지도방법 중 하나로 목표 어휘를 중심으로 관련된 어휘를 열거하고 그래픽 조직자를 활용하여 범주화한다. 어휘들을 조직적으로 기억하도록 돕는다.
		암기Tip! 그래픽 조직자 이미지와 함께 공부하기!

28	개념 지도 및 개념 다이어그램	이해지식의 지도방법이다.	
		개념 지도	목표 어휘의 정의, 예, 예가 아닌 것으로 구성
		개념 다이어그램	목표 어휘의 정의, 예, 예가 아닌 것, 개념 속에 나타난 특성으로 구성

29	의미 특성 분석	이해지식의 지도방법으로 목표어휘(가로)에 주요 특성(세로)의 유(+)무(-)를 격자표로 정리하는 방법이다.

30	빈번한, 풍부한, 확장하는 어휘 교수 및 다독	생성지식의 지도방법이다.	
		빈번한, 풍부한, 확장하는 어휘 교수	반복, 선행지식과 연결, 다양한 상황에 활용하도록 지도하는 교수법
		다양한 장르의 책을 다독	책을 다독할 수 있도록 계획하고, 지원하고, 관리하는 것이 필수적

31	읽기 이해 수준	단어에 대한 이해	읽기 자료에 쓰인 단어를 이해하는 능력
		내용에 대한 사실적 이해	읽기 자료에 쓰인 내용을 있는 그대로 의미화하는 능력
		추론적 이해	읽기 자료에 쓰인 내용을 개인적 경험, 지식, 직관을 이용해 가설화할 수 있는 능력
		평가적 이해	읽기 자료에 쓰인 내용의 정확성, 저자의 의도, 정보의 유용성을 판단하는 능력
		감상적 이해	읽기 활동 자체로 심미적 만족을 갖는 것

32 읽기 전 전략

브레인스토밍	선행지식 생성하기	제목을 보고 이미 알고 있는 것 말하기
	선행지식 조직하기	그래픽조직자를 활용하여 조직화하기
	선행지식 정교화하기	정리된 내용을 보고 추가할 내용 추가하기
예측하기		읽기 전 제목, 소제목, 그림 등을 보고 글에 대한 내용을 예측하기

33 읽기 중 교수

글 구조에 대한 교수	설명글		나열형, 비교대조형, 원인결과형
	이야기글	이야기 문법	이인물, 배경, 발단 사건, 문제, 사건, 결말 등
		이야기 지도	이야기 문법을 가르치는 방법 중 하나로 글의 중요한 내용을 시각적으로 기록한 것
중심내용 파악하기			각 문단이 무엇, 누구에 관한 내용인지 파악하기 각 문단이 무엇, 누구에 관해 중요한 내용인지 파악하기 1~2단계에서 파악한 내용을 10어절 이내의 문장으로 표현하기

34 읽기 후 교수

읽기 후 교수의 목표는 글 전체 내용을 종합하는 데 있다.

질문에 답하기	교사가 읽은 글의 내용에 대한 질문을 제시하면 학생이 대답함
질문 만들기	학생이 스스로 읽기 이해 질문을 만드는 것으로, 중심내용을 다시 한 번 살피고 기억하는데 효과적임
요약하기	글 전체 내용에 대한 종합적 파악을 통해 불필요한 내용은 버리고, 중심내용에 초점을 맞춰 정리하도록 돕는 전략으로 학생이 글 전체 내용과 구조, 문단별 중심 내용을 다시 한 번 살피고 기억하는데 효과적임

35 상보적 교수

교사와 학생이 글에 대한 구조화된 대화를 통해 학생의 읽기 이해력을 향상시키는 것으로, 초기에는 교사가 대화를 주도하여 전략에 대한 모델링을 보여주고, 점차 학생에게 주도권을 넘기며, 필요한 경우에 피드백을 제공하다 마지막엔 독립적으로 활용하도록 한다. 전략 4가지는 문단별로 순환적으로 사용한다.

예측하기	학생이 자신이 예측한 내용이 맞는지 확인하며 글을 읽는 것으로, 글을 읽는 목적 설정에 도움을 줌
질문만들기	학생이 문단을 읽으면서 중요한 내용을 반영한 질문을 만드는 것으로, 글에서 중요한 내용에 집중하도록 도움을 줌
명료화하기	학생이 이해하지 못한 내용이 있는지 점검하고 명료화한 후 다음 문단을 읽는 것으로, 글에 대한 이해 여부를 점검하도록 도움을 줌
요약하기	글의 종류(이야기글, 설명글)에 따라 요약하는 것으로, 글의 내용을 정리하고 중요한 내용을 기억하도록 도움을 줌

36 K-W-L

K(읽기 전)		제목에 대해 이미 알고 있는 내용
W(읽기 전)		글을 읽음으로써 배우고 싶은 내용
L(읽은 후)		글을 통해 배운 것을 중심내용에 초점을 맞추어 요약한 내용
변형	+H	답이 없는 질문에 대한 답을 어떻게 찾을 것인지 방안에 대한 내용
	+A	글을 읽기 전, 읽는 중, 읽은 후 알게 된 사실에 대해 느끼는 감정

37 쓰기 유창성

유창하게 글씨 쓰기란 적절한 글씨 크기, 형태, 속도를 갖춘 것으로, 글씨를 알아볼 수 있도록 쓰되, 빠르게 쓰는 것을 의미한다.

38	시각 단서	글자의 필순과 진행 방향을 화살표와 번호로 표시하는 것으로, 글씨 쓰는 방법에 대해 시각적으로 보여주면서 글씨 쓰기를 가르치는 방법이다.
39	인출 교수법	학생이 글자를 주의 깊게 살펴보다가 가림판으로 글자를 가리면 기억해서 쓰는 방법으로, 가림판 가리기-글자 쓰기 사이의 시간 간격을 점차적으로 늘리는 지속적인 시간지연법을 사용한다.
40	베껴 쓰기	교사가 글자를 구성하는 낱자의 이름과 필순을 말로 표현하며 글씨 쓰는 것에 대해 시범을 보이면 학생이 같은 글자를 베껴 쓰도록 하는 방법이다. 글씨 쓰기 유창성을 높이기 위해서 제한 시간 동안 베껴 쓰기를 하여 글자의 수를 기록하는 방법을 활용한다.
41	철자쓰기 정의 및 오류 유형	단어를 맞춤법에 맞게 쓰는 것으로, 향후 작문 능력을 예측하는 중요한 변인이다.

유형	오류	교수법
음운 처리	낱자-소리 대응관계를 적용하지 못하는 것으로 소리가 다른 단어로 잘못 쓰는 오류를 보임	낱자-소리 대응관계를 이용한 파닉스 교수를 통해 낱자와 소리를 명확하게 변별하기
표기 처리	소리 나는 대로 표기되지 않는 단어를 정확하게 쓰지 못하는 것으로 발음은 동일하나 표기법을 잘못 쓰는 오류를 보임	받침 표시 강조하기 음운변동 규칙별로 단어를 묶어서 소개하기 문장 안에서 단어의 쓰임 인식하기
형태 처리	단어를 구성하는 형태소에 대한 인식이 부족한 것으로 시제, 어미 등을 잘못 쓰는 오류를 보임	어간/어미 교수 용언의 기본형/변형 교수 시제, 동음이의어 교수

암기Tip! 예시와 함께 외우기!

42	자기 교정법	자신이 쓴 단어와 정답을 비교하여 오류를 확인하고, 수정한 후 바르게 베껴 쓰는 방법으로 대표적인 전략으로는 가리고, 기억하여 쓰고(베껴 쓰고), 비교하기가 있다.
43	지속적인 시간지연	단어를 외워서 베껴 쓰는 활동을 할 때 단어 가리기-글자 쓰기 사이의 시간 간격을 1초-3초-6초-9초로 점차적으로 늘리는 것이다.
44	작문과 잘 쓴 글의 특징	작문은 글쓴이가 쓰고자 하는 바를 글로 표현하는 것으로, 쓰기 교수의 궁극적인 목표이다. 잘 쓴 글이란 주제와 관련된 중심 아이디어와 뒷받침해주는 정보 및 예시가 응집력있게 쓰여진 글이다.

45	쓰기 과정적 접근법	글쓰기 준비 단계	- 학생은 글쓰기 주제, 유형, 목적, 독자 등을 선택 - 교사는 쓰기를 위한 아이디어를 생성하고 조직하기 위한 사전활동 실시
		초고 작성 단계	- 학생은 철자, 문법보다는 의미 전달을 위한 내용 생성, 구성에 초점을 두어 초안 작성 - 글을 쓸 때 수정하기 충분한 공간을 남김
		수정 단계	- 내용에 대한 수정으로 내용 향상을 위해 또래집단한테 피드백을 받음
		편집 단계	- 맞춤법, 문법 등의 어문규정에 맞춘 글쓰기 - 사전을 사용하거나 교사로부터 피드백을 받음
		쓰기 결과물 게시 단계	- 완성된 쓰기 결과물을 다양한 방법으로 다른 학생들과 공유 - 글 공유를 통해 독자에 대한 감각을 키우고, 글 쓰는 사람으로서의 자신감 형성 - 독자에게 피드백을 받음, 결과물에 대한 지나친 수정은 삼가

46	쓰기 과정적 접근법의 교사 역할	① 교사는 모델링을 제공하고 ② 구체적인 단서를 지속적으로 제시하며 ③ 점차 학생이 주도적으로 점검, 수정을 할 수 있도록 훈련시킨다.
47	자기조절 전략 교수	작문 과정에서 자기조절의 역할을 강조하는 학습전략으로, 5단계를 진행하는 동안 자기조절 기술을 가르쳐 학생 스스로 쓰기 과정과 전략 사용 등을 조절, 운영하도록 돕는다. 전략에는 이야기 글쓰기에 활용하는 POW+WWW+WHAT2+HOW2 전략과 주장하는 글쓰기에 활용하는 POW+TREE 전략이 있다. | 논의하라 | 교사는 전략의 목적, 장점 등을 명시적으로 제시함 | |---|---| | 시범을 보여라 | 교사는 전략을 사용하는 시범을 보임 | | 외우도록 하라 | 학생은 기억 전략을 사용하여 전략 사용 단계를 외움 | | 지원하라 | 교사는 학생이 전략을 사용하는 동안 필요한 지원을 제공함 | | 독립적으로 사용하게 하라 | 학생은 교사의 지원 없이 전략을 독립적으로 사용함 |
48	글 구조에 대한 교수	장르별로 글의 구조를 명확하게 소개하고, 다양한 예를 제시하며, 학생이 초안을 작성하는 과정 중에 단서를 충분히 제공해야 한다. | 이야기 글 | 설명글 | 논설문 | |---|---|---| | 이야기 문법 | 비교-대조, 열거, 예시 | 주장, 근거, 예시, 결론 |

49 수학 관련 인지적 특성

기억 능력	수, 연산과 관련된 정보를 기억, 인출하는 능력	
	작동기억에 결함이 있음	
언어 능력	문장제 문제해결 능력과 더불어 수학과제 전반에 걸쳐 영향을 주는 능력	
	문장제 문제해결에 어려움이 있음	
시·공간 능력	수학 연산 수행, 수 크기 개념 형성, 그래프 읽기, 자릿값에 따라 숫자 정렬, 도표 해석·이해, 기하학적 그림 이해 등의 능력	
	수식 방향과 수 정렬이 복잡하고, 수를 혼돈하여 기입하며, 문제를 푸는 위치를 자주 잃어버림	
주의집중 능력	기초 수 세기, 복잡한 연산 문제, 문장제 문제를 해결할 때 관련 없는 정보를 걸러내고 필요한 정보에만 집중하는 능력	
	주의집중의 어려움으로 연산 능력에 어려움이 있음	
처리 속도	수학문제를 해결하는 데 걸리는 시간과 관련된 능력으로 정확성과 유창성으로 구성됨	
	느린 처리 속도로 인해 연산 능력에 어려움이 있음	

50 CSA 계열

구체적 수준(C)	3차원 사물 사용
반구체적 수준(S)	2차원 그림, 선 사용
추상적인 수준(A)	사물, 그림 없이 문제 풀기

51. 수 세기 전략

일대일 대응	사물과 수를 연결지어 양에 대한 개념과 수의 계열성을 형성하는 데 도움
수 세기 전략 학습	사칙연산을 수행하는 데 필요한 기초 학습 기술 - 일대일 대응 　　　　　　 - 중간부터 세기 - 기계적 수 세기 　　　　　 - 건너뛰며 세기

덧셈의 기본 법칙

모두 세기	- 두 수를 더할 때, 각 수를 1부터 센 다음 이들을 합쳐서 다시 센다. - 손가락이나 사물을 사용하여 수 세기를 한다.
이어 세기	- 두 수를 더할 때, 한 숫자에서 시작해서 더해지는 만큼 나머지 수를 센다. - 초기 단계에서는 두 수의 크기와 상관없이 앞의 수를 기준으로 뒤의 수를 세는 방법을 사용하다가, 점차 발달하면서 두 수 중 큰 수를 변별하고 큰 수를 기준으로 나머지 수를 세는 방법을 사용한다. - 손가락이나 사물을 사용하여 수 세기를 하다가 점차 언어적으로 수 세기를 한다.
부분 인출	- 학생이 직접 인출할 수 있는 덧셈식에서 추가적으로 필요한 계산을 더해서 계산한다.
직접 인출	- 두 수의 합을 계산 과정을 거치지 않고 바로 장기기억에서 인출하여 답한다.

52. 자릿값 구성요소

① 숫자 읽고 쓰기
② 자릿값에 맞게 세로로 배열하기
③ 풀어서 자릿값 표현하기(백+십+일)

53	덧셈 오류 유형	단순 계산 오류	계산이 틀린 경우
		받아올림의 오류	받아올려야 할 숫자를 더해 버리거나 받아올림을 잊은 경우
		뺄셈과의 혼동	부호를 혼동한 경우
		전략상의 오류	받아올림을 해야 할 숫자를 하나의 자릿수로 써버리는 경우

54	두 자릿수 이상의 덧셈 교수	① 받아올리는 수를 고정적인 위치에 적도록 지도하기 ② 답 적는 곳을 자릿수만큼 네모로 표시하고, 하나의 숫자만 들어가야 함을 강조하기 ③ 형광펜, 세로줄, 격자 표시를 통해 자릿수에 맞춰서 계산하도록 안내하기 ④ 계산할 때 해당 자릿수를 제외하고 가리기

55	뺄셈 오류 유형	- 단순 연산 오류 - 받아내림의 오류 - 받아내림의 생략 - <u>무조건 큰 수에서 작은 수 빼기</u> - 덧셈과의 혼동

56	두 자릿수 이상의 뺄셈 교수	① 반구체물을 활용하기 ② 받아내림의 원리(받아내린 수 10을 더하고 그 위의 값은 1이 줄어드는 것)에 대한 단서를 색깔 구분을 통해 제공하기 ③ 자릿수가 구분된 가림카드 이용하기

57	곱셈 오류 유형	- 단순 연산 오류 - 자릿값 혼돈 - 받아올림의 생략	- 0을 포함한 숫자에서의 오류 - 두 자릿수 이상의 수에서의 어려움 - 문장제 곱셈 문제에서의 어려움

58	곱셈 교수 전략	① 곱셈 개념 설명(묶어세기, 건너뛰며 세기) ② 곱셈식 알기 ③ 몇 배 개념 알기 ④ 곱셈구구 교수 ⑤ 부분 곱, 가림카드 등의 두 자릿수 이상의 곱셈 교수

59	나눗셈 오류 유형	- 잘못된 연산 - 계산상의 오류 - 나누어 떨어지는 것을 먼저 계산하고 나머지 계산 - 몫의 위치 혼돈

60	포함제와 등분제	포함제	- 떤 수 안에 다른 수가 몇이나 포함되어 있는가를 구하는 것 - '횟수'에 대한 개념
		등분제	- 어떤 수를 똑같이 몇으로 나누는가를 구하는 것 - '개수'의 개념

61	나눗셈 교수 전략	① 나눗셈 개념 설명(포함제, 등분제) ② 곱셈과의 역관계에 기초한 나눗셈구구 교수 ③ 몫을 알아보기 위해 가림카드를 사용하는 두 자릿수 이상의 나눗셈 교수

62	문장제 응용 문제 필요 능력	① 문제를 읽고 이해할 수 있어야 하고, ② 문제해결에 적합하게 식을 세울 수 있어야 하며, ③ 세운 식을 오류 없이 연산할 수 있어야 한다.
63	핵심어 전략	문장제 문제에 많이 등장하는 단어들에 연산을 연계시켜 문제를 해결하는 방법으로, 자칫하면 과잉일반화를 초래하여 학생들이 문제의 전체 맥락을 파악하는 대신, 특정 단어에 지나치게 주의를 집중하여 오답에 도달할 가능성이 있으므로 유의해야 한다.
64	시각적 표상화 전략	문제 상황을 그림이나 도식으로 나타내는 것으로, 문장제 문제의 구조, 내용을 분석하여 도식화하고 이를 수학적으로 표현한다.

덧셈, 뺄셈		곱셈, 나눗셈	
변화형	시작 + 변화량 = 결과	배수비교형	목적 대상 ÷ 비교 대상
결합형	부분 + 부분 = 전체	변이형	인과관계 이용, 비례식 계산
비교형	큰 수 − 작은 수 = 차이		

65	전략 교수	문제해결 절차에 대한 명시적인 교수로 인지 전략, 자기조절 전략과 같은 초인지 전략 교수 등을 포함한다.

SOLVE IT 전략			
단계	① 문제 읽기 ② 문제를 자신의 말로 고쳐말하기 ③ 그림, 다이어그램으로 문제 표상하기		④ 문제해결 계획 세우기 ⑤ 답 어림하기 ⑥ 계산하기 ⑦ 모든 과정이 옳은지 점검하기	
자기조절 초인지 전략	말하기 (자기교시)	묻기 (자기질문)	점검하기 (자기점검)	

66	계산기 사용 시 효과와 고려점	효과로는 연산에 대한 부담을 줄이고, 단순 계산 능력을 향상시키며, 수학에 대한 태도가 향상된다. 고려점으로는 기본 계산 원리를 익힌 후 계산기를 사용할 수 있어야 하고, 계산기가 최선의 방법이 아님을 인식시켜야 한다.
67	학습 안내지	교과서의 중심내용 및 주요 어휘에 관한 질문으로 구성되었으며, 질문, 핵심어 사용을 통해 학업 정보를 안내하고 조직화된 구조를 통해 중요한 정보를 학습하고 유지하도록 돕는다. 복습, 수업 등 사용 목적에 따라 다양한 형식으로 만들 수 있다.
68	워크 시트	교과서의 중심내용 및 주요 어휘에 관한 개요를 제시하는 것으로, 핵심 단어들을 빈칸으로 제시하여 학생이 수업을 들으면서 채우는 과정을 통해 학생의 참여도와 집중도를 높일 수 있다.

69	안내노트	특정 공간에 핵심 내용, 개념, 다른 개념과의 관련성 등을 적어 배경지식과 일반적인 단서를 제공하는 유인물로, 수업 전 제작하여 수업할 때 사용한다. 보편적 학습설계의 원리를 따르며, 교사는 수업을 더 주의 깊게 준비할 수 있다. 기대효과로는 학생들의 반응 증가, 노트필기의 정확성 및 효율성 향상, 수업 내용의 효과적 전달 등이 있다.

70	그래픽 조직자 유형	유형	개념	예시
		계층형	상향식·하향식 개념	종 분류, 조직도
		연속형	사건의 순서	역사적 사건, 문제해결 과정
		개념형(=개념도)	주요 범주가 하위 범주와 묶이는 것	인물 간 관계, 개념 연결
		순환형	지속적인 연속	순환, 먹이사슬
		비교, 대조형 (=벤다이어그램)	개념 간의 동일한 속성과 다른 속성	공통점과 차이점
		매트릭스형	주제 간 정보의 범주를 분류	다양한 물질을 고체, 액체, 기체로 분류

71	핵심어 전략	기억 전략 중 하나로, 관련 없어 보이는 2개 이상의 정보를 연합하여 회상을 돕는 전략이다. 학생이 이미 알고 있고 목표어휘와 청각적으로 유사한 키워드를 목표어휘와 연결시켜 시각적 이미지를 형성하여 회상을 유도한다.

| 72 | 페그워드 전략 | 기억 전략 중 하나로, 순서를 가지고 있는 정보를 기억하기 쉽게 소리가 유사한 단어로 연결시키는 전략이다. |

| 73 | 문자 전략 | 기억 전략 중 하나로 2가지 유형 중
두문자 전략은 기억해야 할 정보의 앞글자를 따서 외우는 방법이고,
어구 만들기는 기억해야 할 정보의 앞글자로 시작하는 단어를 조합하여 어구를 만드는 방법이다. |

74	기타 기억전략		
		시연	미리 기억해야 할 정보를 눈으로 여러 번 보거나 말로 되풀이하는 방법
		심상화	정보에 대한 기억을 마음속에 영상화하여 기억하는 방법
		언어적 정교화	정보를 의미 있는 단위로 만들어 기억, 회상하는 방법
		범주화	정보를 공통된 속성에 따라 분류하여 기억하는 방법
		운율	리듬, 음악을 사용하여 정보를 회상하는 방법

75	정밀교수	매일 직접측정법으로 과제의 성공에 대해 정확도와 과제수행률을 측정하는 것이다. 교육과정 중심 사정(CBA)의 한 유형이며, 교육계획 목표를 근거로 매일 측정하여 성패를 모두 기록하기 때문에 목표 달성 여부를 확인하기에 유용하다. 교육과정중심측정(CBM)과는 달리 작은 단위를 사정하고, 기준 성취 차트만 사용하며, 특별한 교육과정, 교수방법이 아닌 중재의 효과를 평가하는 방법이다.
76	직접 교수법	교수·학습목표에 대한 명확한 진술을 기반으로 적당한 학습 분량을 확실하게 학습할 수 있는 충분한 시범과 연습의 기회를 제공하는 교수이다. 교사는 과제 분석을 통해 내용을 조직하고 학생에게 명시적으로 시범을 보인다. 안내된 연습을 통해 학생은 교사와 함께 기술을 연습하고, 교사는 오류를 교정해준다. 마지막으로 학생은 독립적으로 과제를 수행하고, 교사는 피드백을 제공한다.
77	사회적 기술의 평가	사회적 기술이란 사회적으로 인정되는 방식으로 주변사람들과 관계를 형성하는데 필요한 기술로, 사회적 타당도에 따라 3가지 유형으로 사회적 기술을 측정할 수 있다.

Type Ⅰ	사회기관, 중요한 타인이 중요하게 여기는 사회적 행위를 중심으로 측정	지명도측정법(교우도 검사) 사회적 거리 추정법
Type Ⅱ	교실, 운동장, 가정 같은 자연적 상황에서 사회적 행위를 중심으로 측정	직접 관찰법 행동 간 기능적 연쇄성 분석
Type Ⅲ	자기평가, 자기보고, 자기성찰에 근거한 질문으로 측정	자기보고법 사회적 기술 혹은 사회성을 반영하는 행동평정척도

78	자기보고법	비구조화된 방식인 서면, 면대면 인터뷰를 통해 사회적 기술과 관련된 자기 상태를 표현하는 방식으로, 사회적 타당도가 낮은 방법이다.

79	지명도 측정법 (교우도 검사)	대상 아동이 또래에게 어떻게 인지되고 있는지 알아보는 방법으로, 집단에서 가장 좋아하는 친구와 싫어하는 친구를 우선순위에 따라 지목하여 교우도에 따라 인기아동, 거부되는 아동, 논란의 여지가 있는 아동, 무관심한 아동으로 구별한다. 장점으로 사회적 타당도가 높은 방법이지만, 단점으로 사회적으로 무관심한 아동과 적극적으로 배척당하는 아동을 구별하지 못하고, 훈련 시킬 사회적 기술에 대한 정보를 제공하지 않으며, 사회성 향상을 감지하는데 일정한 시간이 걸리므로 사회성 훈련 프로그램의 효과를 측정하기에는 한계가 있다.

> **기출 POINT**   사회적 거리 추정법
>
> 이 방법은 한 학생이 모든 학생에게 반응할 수 있도록 하는 방법이다.
> 주어진 일련의 질문에 대하여 한 학생이 모든 학생에게 반응할 수 있도록 하게 하는 방법이기 때문에 지명도 측정법에서 조사할 수 있는 대상의 수가 제한되어 있어 나머지에 대한 정보를 얻지 못한다는 단점을 보완한다.

80	FAST 전략	Freeze and think	멈추고 생각하라
		Alternatives	대안을 생각하라
		Solutions	해결방안을 탐색하라
		Try it	시도하라

81	SLAM 전략	Stop	멈춰라
		Look	봐라
		Ask	질문을 해라
		Make	적절히 반응해라

CHAPTER 12
진단·평가

특수교육학 키워드를 효율적으로 인출하여 약점 극복하기

1. 진단 및 평가의 이해
   - 평가의 개념
     - 평가
     - 사정
     - 측정
   - 평가의 목적
   - 공정한 특수교육 평가를 위한 고려사항
   - 장애 특성을 반영한 검사 조정 및 수정
     - 검사 조정
     - 검사 수정

2. 진단·평가의 단계
   - 선별
     - 위양(긍정적 오류)
     - 위음(부정적 오류)
   - 진단
   - 적부성(적격성)
   - 프로그램 계획 및 배치
   - 형성평가 — 진전도
   - 총괄평가

진단·평가 구조도

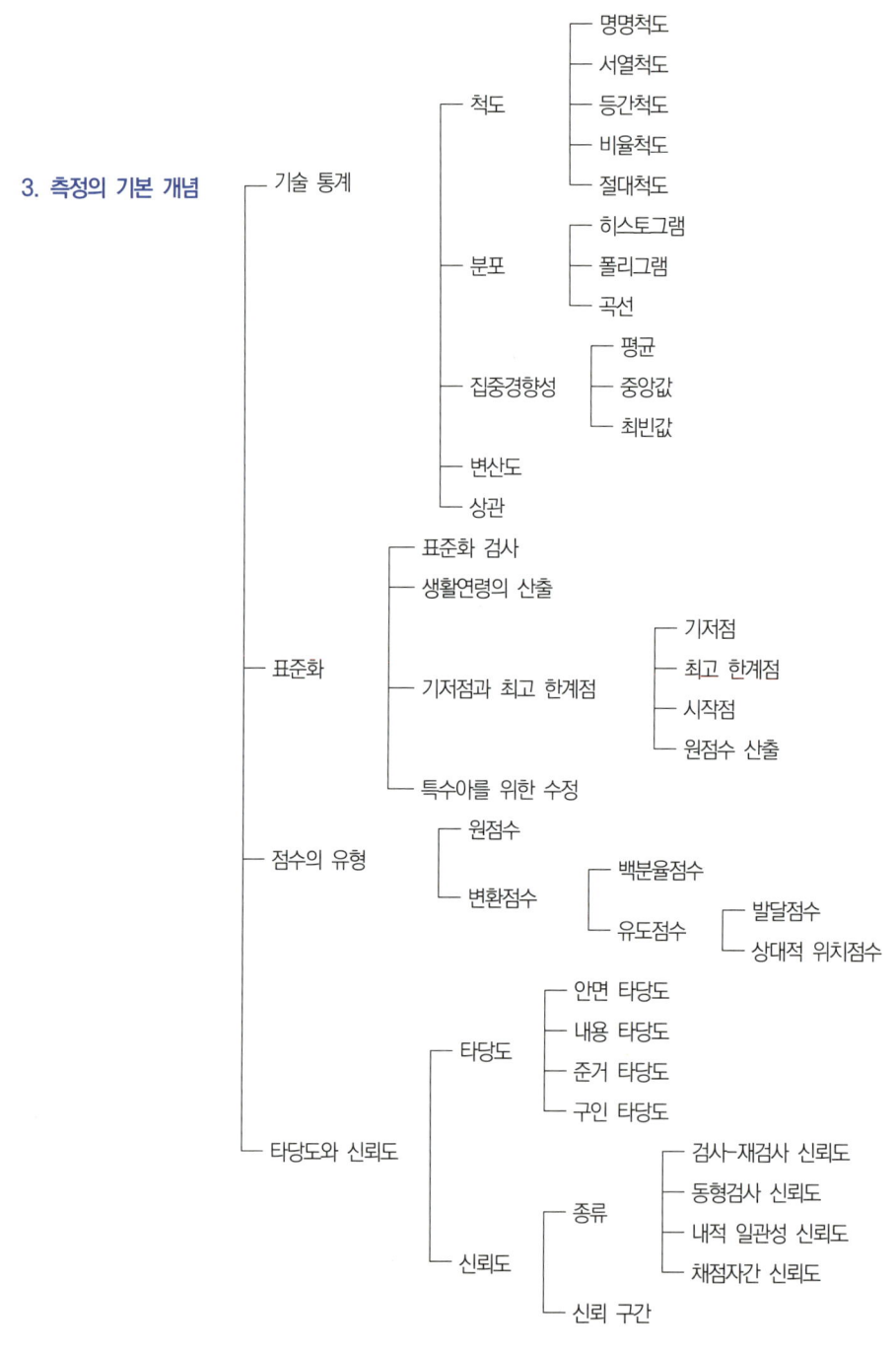

특수교육학 키워드를 효율적으로 인출하여 약점 극복하기

4. 사정(진단) 방법의 분류와 종류

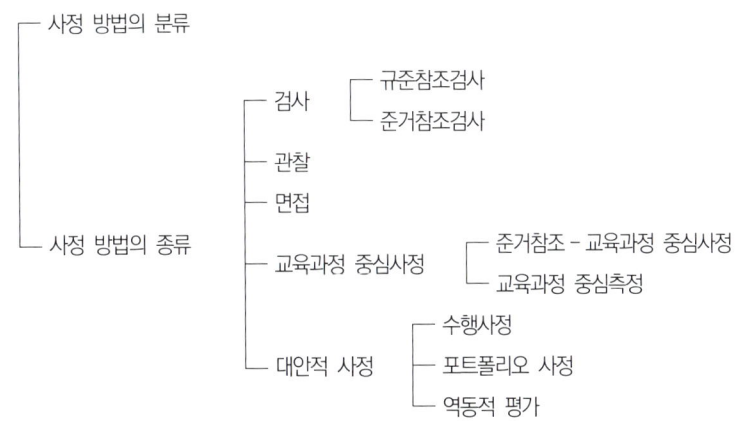

5. 진단·평가 절차 및 도구 선정
- 특수교육대상학생 진단·평가의 개요
- 특수교육대상학생 진단·평가 업무의 실제
- 장애영역별 진단·평가 검사 및 보고서 작성의 실제

진단·평가 구조도

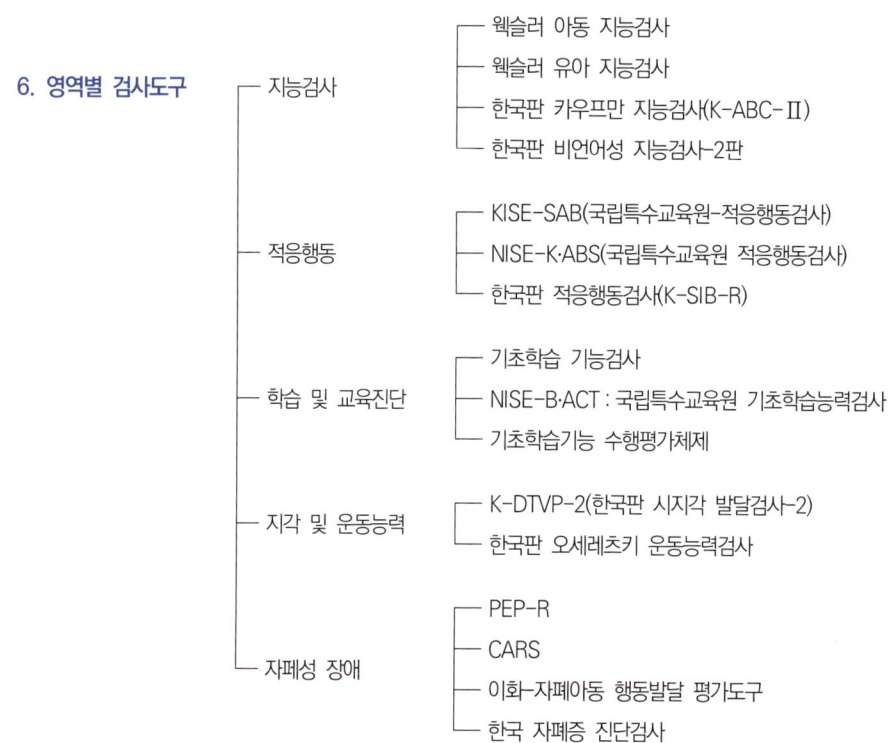

12 진단·평가

KEYWORD LIST

- 01 진단·평가의 단계
- 02 선별 정의
- 03 위양과 위음
- 04 의뢰 전 중재
- 05 집중경향성
- 06 상관
- 07 표준화 검사 특성
- 08 생활연령
- 09 기저점
- 10 최고 한계점
- 11 시작점
- 12 원점수 산출
- 13 원점수와 변환점수
- 14 백분율점수와 유도점수
- 15 발달점수와 상대적 위치점수
- 16 등가점수
- 17 백분위 점수
- 18 표준점수
- 19 타당도와 신뢰도
- 20 안면 타당도
- 21 내용 타당도
- 22 공인 타당도
- 23 예측 타당도
- 24 구인 타당도
- 25 검사-재검사 신뢰도
- 26 동형검사 신뢰도
- 27 내적 일관성 신뢰도
- 28 채점자 간 신뢰도
- 29 신뢰 구간
- 30 규준참조검사
- 31 준거참조검사
- 32 준거참조-교육과정 중심사정 (CR-CBA)
- 33 교육과정 중심측정 (CBM)
- 34 수행사정
- 35 포트폴리오 사정
- 36 역동적 평가
- 37 웩슬러 아동 지능검사 5판
- 38 웩슬러 아동 지능검사 4판, 5판 비교
- 39 웩슬러 유아지능 검사 (K-WPPSI-4)
- 40 한국판 카우프만 지능검사 (K-ABC-II)
- 41 사회성숙도 검사
- 42 국립특수교육원 적응행동검사 (NISE-K-ABS)
- 43 한국판 적응행동 검사 (K-SIB-R)

01	진단·평가의 단계	선별 – 진단 – 적격성 – 프로그램 계획 및 배치 – 형성평가 – 총괄평가
02	선별 정의	선별은 심층적인 평가가 필요한 아동을 식별해 내는 과정으로, 특징은 집단검사, 규준참조검사, 간편한 실시방법과 저렴한 비용 등이 있다. 특수교육에서 중요한 조기 중재를 수행하기 위해 선별 단계에서 적합한 평가가 필요하다.

03 위양과 위음

선별과정에서 나타나는 오류는 위양(긍정적 오류)와 위음(부정적 오류)가 있다.

위양은 특수교육이 필요하지 않으나 심층적인 평가가 의뢰된 경우로, 검사의 명확도를 높여야 한다.

위음은 특수교육이 필요하나 심층적인 평가가 의뢰되지 않은 경우로, 검사의 민감도를 높여야 한다.

특히 위음이 발생하는 경우 아동이 필요한 특수교육을 조기에 받지 못하는 불이익을 당하게 되기 때문에 심각한 결과를 초래할 수 있다.

04 의뢰 전 중재

문제를 보이는 학생을 의뢰하기 전에 교육과정, 교수방법을 수정하여 중재를 실시하는 것으로, 비장애아동을 장애아동으로 판별할 오류(위양)를 줄일 수 있지만 장애 가능성이 높은 학생들의 진단을 지연시키지 않도록 주의해야 한다.

05 집중경향성

자료에서 특정값을 중심으로 형성되는 분포의 경향으로, 이 중 대푯값을 집중경향값이라고 하며, 종류로는 평균, 중앙값, 최빈값이 있다.

평균	모든 값의 합을 전체 수로 나눈 값
중앙값	크기 순서대로 배열했을 때 중앙에 위치하는 값 (짝수의 경우 가운데 두 값의 평균)
최빈값	자료에서 가장 높은 빈도를 나타내는 값

06 상관

-1에서 +1 사이의 두 변인 간의 관계를 말하며, 3가지 유형이 있다.

정적 상관	한 변인의 점수가 높(낮)아지면 동일하게 다른 변인의 점수도 높(낮)아지는 것
부적 상관	한 변인의 점수가 높(낮)아지면 반대로 다른 변인의 점수는 낮(높)아지는 것
영상관	두 변인 사이에 아무런 관계가 없는 것 ex) 몸무게와 지능, 키와 학업성취

07	표준화 검사 특성	검사의 구성요소, 실시과정, 채점방법, 결과해석기법을 구조화한 검사로, 규준참조검사와 준거참조검사가 있으며, 대부분 규준참조검사가 많다.
08	생활연령	검사일에서 출생일을 뺀 값을 연-월로 표기하며, 계산할 때 1년은 12개월, 1개월은 30일로 계산한다. 계산한 일수는 15일 이하는 버리고 16일 이상은 1개월로 올린다.
09	기저점	그 이하의 모든 문항들에는 피검자가 정답을 보일 것이라고 가정되는 지점으로, 제시된 수만큼의 연속적 문항에서 피검자가 정답을 보이는 지점이다. 시작점에서부터 기저점을 측정할 수 없는 경우에는 시작점에서 역순으로 기저점이 나올 때까지 검사한다.
10	최고 한계점	그 이상의 모든 문항들에는 피검자가 오답을 보일 것이라고 가정되는 지점으로, 제시된 수만큼의 연속적 문항에서 피검자가 오답을 보이는 지점이다.
11	시작점	각 생활연령별로 검사를 시작하는 지점이다.
12	원점수 산출	기저점 이전의 문항 수와 기저점에서 최고한계점 사이의 문항 수를 더한 값이다.

13	원점수와 변환점수	원점수는 검사 수행으로 직접 얻은 점수로, 절대적·상대적 해석이 어렵다. 변환점수는 절대적·상대적 해석을 하기 위해 원점수를 변환시킨 점수이다.
14	백분율점수와 유도점수	백분율점수는 총점에 대한 획득점수의 백분율로, 절대적 해석이 가능하며, 준거참조검사를 사용한다. 유도점수는 상대적 해석을 하기 위해 원점수를 변환시킨 점수로, 상대적 해석이 가능하며, 규준참조검사를 사용한다.
15	발달점수와 상대적 위치점수	발달점수는 아동 개인에 대한 점수로, 아동의 발달을 나타내는 점수고 상대적 위치점수는 집단 내 아동에 대한 점수로, 아동의 상대적 위치로 수행 수준을 나타낸 점수다.
16	등가점수	연령·학년으로 아동의 기능 수준을 나타내는 점수로, 연령등가는 (연-월), 학년등가는 (학년.N번째 달)로 표기한다.
17	백분위 점수	특정 원점수 이하의 점수를 받은 아동의 백분율을 나타낸다.
18	표준점수	사전에 설정된 평균, 표준편차를 가지고 정규분포를 이루도록 변환된 점수다.

구분	평균	표준편차
Z점수	0	1
T점수	50	10
능력점수	100	15(또는 16)
척도점수	10	3
정규곡선 등가점수	50	21

19	타당도와 신뢰도	타당도는 검사도구의 적합성 정도로, 검사도구가 측정하고자 하는 영역을 실제로 측정하고 있는 정도를 의미하고 신뢰도는 검사도구가 측정하고자 하는 것을 일관성 있게 정확하게 측정해주는 정도를 의미한다.
20	안면 타당도	검사문항이 실제로 해당 영역의 능력을 측정할 수 있을지에 대한 주관적인 직감, 의견이다.
21	내용 타당도	검사문항이 측정하고자 하는 영역을 대표하고 있는 정도로, 한 검사에 포함된 전체 문항들만으로 전체 내용을 전반적으로 평가할 수 있는지 파악하는 것이다.
22	공인 타당도	새로 개발된 검사와 타당도가 검증된 검사를 거의 동시에 실시하여 두 검사 결과의 상관 정도를 확인하는 방법으로, 높은 타당도 계수가 나왔을 때 새로 개발된 검사가 측정하고 하는 영역을 측정하고 있다고 추정할 수 있다.
23	예측 타당도	특정한 검사결과로 미래에 예상되는 준거 변수의 변화를 얼마나 정확히 예측할 수 있는지를 확인하는 방법으로 타당도를 검증하고자 하는 검사를 실시한 이후 일정 시간이 지난 후에 준거 변수 검사를 실시하여 상관관계를 추정할 수 있다.
24	구인 타당도	지능, 창의력과 같이 직접적인 측정이나 관찰이 불가능한 이론적인 개념을 검사도구가 실제로 측정하는 정도로, 타당도 유형 중 가장 입증하기 어려워 오랜 시간이 필요하다.

25	검사-재검사 신뢰도	동일한 검사를 동일한 집단에게 일정 간격(2주)을 두고 2번 실시하여 얻은 점수 간의 상관관계를 통해 추정하는 신뢰도로, 검사도구가 가진 안정성에 대한 지표가 된다.
26	동형검사 신뢰도	2개의 동형검사를 동일한 집단에게 일정 간격(가까운 시일 내)을 두고 실시하여 얻은 점수 간의 상관관계를 통해 추정하는 신뢰도로, 동일한 내용, 문항형태, 문항수, 문항난이도, 문항변별도가 요구되어 동형검사 제작이 어려운 편이다.
27	내적 일관성 신뢰도	검사를 구성하는 문항 사이의 일관성에 대한 정도를 나타낸 것으로, 반분 신뢰도는 한 번 실시한 검사를 두 부분으로 나누어 나온 점수들의 상관관계를 통해 추정하는 신뢰도이고 문항 내적 일관성 신뢰도는 개별문항들을 하나의 검사로 간주하여 문항들 간의 일관성을 추정한 신뢰도이다.
28	채점자 간 신뢰도	두 채점자가 동일한 피검자에게 채점한 점수들의 상관관계를 통해 추정하는 신뢰도이다.
29	신뢰 구간	아동의 진점수가 포함되는 점수범위로, 획득점수에서 표준오차를 뺀 값과 더한 값의 사이이다.

30. 규준참조검사

비교대상	또래아동의 수행수준 비교
정보제공	또래집단 내 아동의 상대적 위치 파악, 유도점수 사용
이용	선별, 진단, 적부성, 배치
문항 난이도	쉬운 문제부터 어려운 문제로 다양하게 제작함

31. 준거참조검사

비교대상	사전에 설정된 숙달 수준
정보제공	특정 영역에서 아동의 현행수준에 대한 정보, 백분율 사용
이용	교육프로그램 계획, 형성평가, 총괄평가
문항 난이도	난이도는 거의 동등

32. 준거참조-교육과정 중심사정 (CR-CBA)

개념	아동에게 가르치는 교육과정을 아동이 어느 정도 습득했는지 확인
특징	준거참조검사의 대안적 방법
방법	비표준화된 방법
정보제공	교육프로그램 계획, 형성평가, 총괄평가
목표	단기목표

33	교육과정 중심측정 (CBM)	개념	읽기, 철자법, 쓰기 등의 기초학습기술 유창성에 대한 아동의 수행 수준 측정
		특징	규준참조검사의 대안적 방법
		방법	표준화된 방법
		정보제공	모든 단계에서 사용 가능
		목표	장기목표
		고려사항	- 문제의 원인을 파악하긴 어려움 - 진전도를 파악하여 교수내용, 방법에 대한 정보 획득 - 1주에 적어도 2번 반복하여 측정(RTI는 2주에 1번) - 목표초과 시 목표 상향 조정 - 목표미달 시 목표 재조정 또는 교수 방법 변경

34	수행사정	기본 개념		행위를 수행하거나 결과를 산출하는 아동의 기술을 관찰하여 판단하는 사정방법
		장점		- 의미있는 학습으로 동기부여 가능 - 실제상황에서 학습의 응용 가능
		단점		- 많은 시간, 노력이 요구됨 - 채점이 주관적이고 신뢰도가 낮음
		유형	과정에 초점	- 과정이 순서적이고 직접 관찰이 가능할 때 - 과정단계의 분석이 결과를 향상시키는 데에 도움이 될 수 있음
			결과에 초점	- 결과가 명확하고 판단 가능한 특성을 가질 때 - 숙제와 같이 과정의 관찰이 불가능할 때
			과정, 결과에 모두 초점	- 체계적인 과정과 적절한 결과를 포함하는 과제

| 35 | 포트폴리오 사정 | 아동의 과제모음집을 통해 성취수준을 평가하는 것으로, 특징은 아동을 평가에 참여시켜 자기주도적으로 이끌 수 있으며, 융통성이 강해 상황에 따라 다르게 진행될 수 있다.
장점에 초점을 맞춘 평가이며, 강점과 약점을 파악하는데 필요한 근거를 제공한다. 현재 수준을 파악하여 개별적인 교수-학습 방법을 계획하는데 사용할 수 있으며, 장점으로는 아동에게 동기부여가 가능하며 자기성찰 기술을 지도할 수 있다. |
|---|---|---|
| 36 | 역동적 평가 | 학습 과정에 초점을 맞추어 개별 학생의 향상도를 평가하는 것으로, 교수-학습 활동을 개선, 촉진하기 위해 필요한 교육적 처방을 파악할 수 있다.
교사가 학생과의 상호작용, 대화를 통해 학생의 잠재적 발달 수준에 대한 정보를 수집하고, 피드백 및 힌트를 제공하여 문제를 해결하기 위해 어떤 피드백을 얼마나 활용하는지 확인하여 학생의 학습 능력을 평가한다. |
| 37 | 웩슬러 아동 지능검사 5판 | 기본 소검사 10개와 추가 소검사 6개로 구성되어 있으며, 추가 소검사를 실시하는 경우는 장애학생을 대상으로 검사하거나 1년 이하의 기간에 반복 검사를 할 때 사용한다.
소검사들의 구성 순서는 아동의 흥미를 계속 증가시키고 다양성을 유지하며 아동의 피로를 최소화하도록 되어 있다.
지표 간 비교할 수 있는 지표점수는 지표별로 실시하는 소검사 수가 다르기 때문에 지표별 소검사의 환산점수의 합을 표준점수로 환산하여 산출한다.
전체 지능지수는 각 지표별 환산점수의 합을 표준점수로 환산한 것이다. |

기본 소검사		추가 소검사	
① 토막짜기	⑥ 어휘	① 상식	④ 선택
② 공통성	⑦ 무게비교	② 공통그림찾기	⑤ 이해
③ 행렬추리	⑧ 퍼즐	③ 순차연결	⑥ 산수
④ 숫자	⑨ 그림기억		
⑤ 기호쓰기	⑩ 동형찾기		

38. 웩슬러 아동 지능검사 4판, 5판 비교

구분	4판	5판
소검사 명칭	주요 소검사 10개 보충 소검사 5개	기본 소검사 10개 추가 소검사 6개
기본지표	언어이해	언어이해
	지각추론	시공간
		유동추론
	작업기억	작업기억
	처리속도	처리속도
전체 지능지수	주요 소검사 10개로 산출	기본 소검사 7개에서 산출

39. 웩슬러 유아지능검사 (K-WPPSI-4)

연령	기본지표				
2세 6개월~3세 11개월	언어이해	시공간		작업기억	
4세 0개월~7세 7개월	언어이해	시공간	유동추론	작업기억	처리속도

40. 한국판 카우프만 지능검사 (K-ABC-II)

3~18세까지의 아동·청소년의 인지능력을 측정하는 지능검사로, 한국판에는 하위척도가 5가지로 순차처리, 동시처리, 계획력, 학습력, 지식이 있다. 유형으로는 CHC모델, Luria모델, 비언어성 척도가 있으며, 비언어성척도의 하위검사에서는 검사자가 몸짓으로 문항을 제시하면 피검자가 동작으로 반응할 수 있게 하여 청각장애, 다문화가정의 아동들을 타당하게 평가할 수 있다.

| 41 | 사회성숙도 검사 | 적응행동을 검사할 때 사용하고, 주로 면접이나 관찰을 통해 파악한다. 학생의 사회연령(SA)을 사회지수(SQ)로 나눈 값에 100을 곱하여 점수를 산출한다. |

| 42 | 국립특수교육원 적응행동검사 (NISE-K-ABS) | 만 2~6세의 유아용, 만7~18세의 초·중등용이 있으며 개념적·사회적·실제적 적응행동지수 및 전체 적응행동지수를 파악할 수 있다. |

개념적 기술	인지, 언어, 수
사회적 기술	자기표현, 타인인식, 대인관계
실제적 기술	기본생활, 가정생활, 지역적응, IT활용(초,중)

| 43 | 한국판 적응행동 검사 (K-SIB-R) | 개인의 적응력 및 기능적 독립성에 대한 정도를 구체화한 것으로, 준거지향-규준참조검사이다. 하위 영역은 2가지로 독립적 적응행동과 문제행동이 있다. |

독립적 적응행동	운동, 사회적 상호작용 및 의사소통, 개인생활, 지역사회 생활 기술군
문제행동	내적 문제행동, 외적 문제행동, 반사회적 문제행동

CHAPTER 13

전환교육

특수교육학 키워드를 효율적으로 인출하여 약점 극복하기

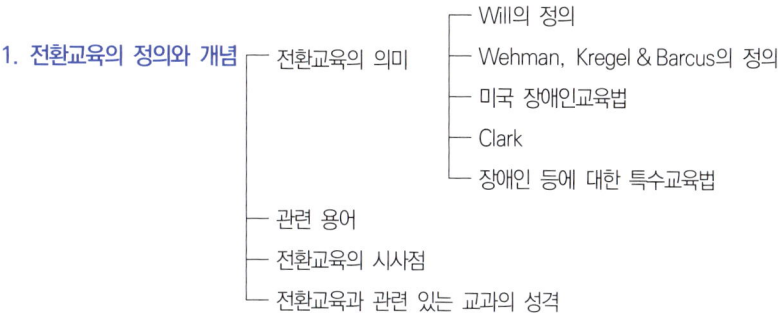

1. 전환교육의 정의와 개념
   - 전환교육의 의미
     - Will의 정의
     - Wehman, Kregel & Barcus의 정의
     - 미국 장애인교육법
     - Clark
     - 장애인 등에 대한 특수교육법
   - 관련 용어
   - 전환교육의 시사점
   - 전환교육과 관련 있는 교과의 성격

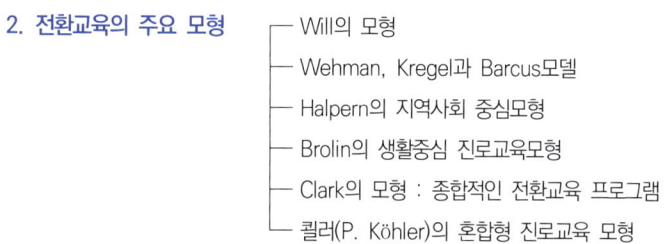

2. 전환교육의 주요 모형
   - Will의 모형
   - Wehman, Kregel과 Barcus모델
   - Halpern의 지역사회 중심모형
   - Brolin의 생활중심 진로교육모형
   - Clark의 모형 : 종합적인 전환교육 프로그램
   - 쾰러(P. Köhler)의 혼합형 진로교육 모형

전환교육 구조도

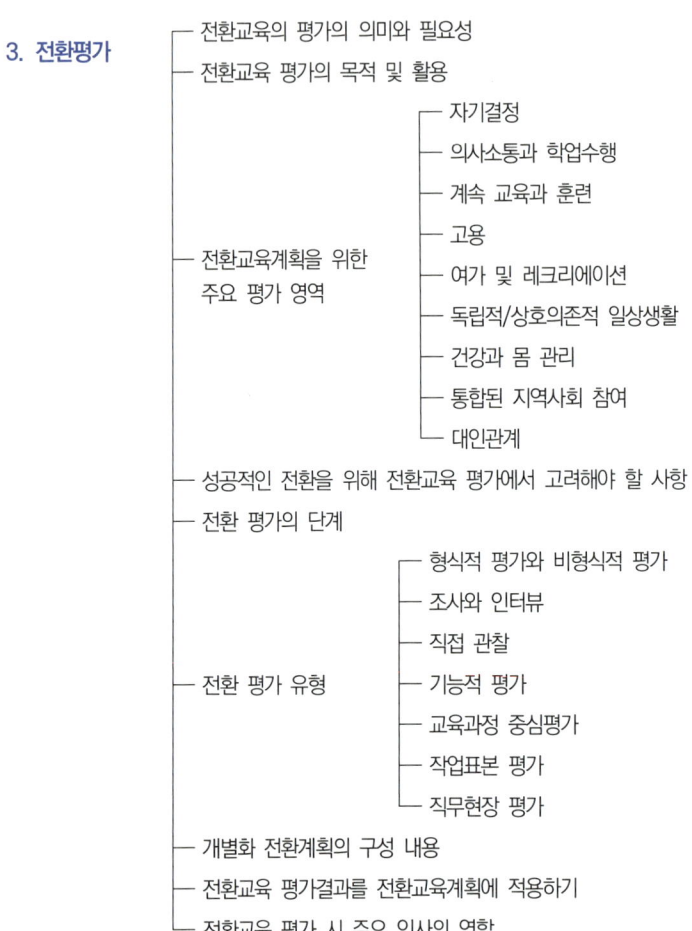

13 전환교육

KEYWORD LIST

01 전환교육의 의미
02 전환교육과 관련 있는 교과의 성격
03 Will의 특수교육 및 재활서비스국 모형 (연결모형)
04 Wehman, Kregel과 Barcus 모델
05 Halpern의 지역사회 중심모형
06 Brolin의 생활중심 진로교육모형
07 Clark의 종합적인 전환교육 프로그램 모형
08 Clark 모형의 종합적인 전환교육 프로그램
09 쾰러의 혼합형 진로교육 모형
10 상황평가
11 기능적 평가
12 작업표본 평가
13 직무현장평가
14 직무분석
15 경쟁고용
16 지원고용
17 지원고용의 유형
18 보호고용
19 작업활동센터

01	전환교육의 의미	진로교육, 직업교육과 더불어 독립생활, 사회참여를 포함한 학교에서 사회로의 전환을 촉진시키는 종합적인 교육활동
02	전환교육과 관련 있는 교과의 성격	- **실과**는 초등 5~6학년에 편제·운영되어고 중학교 '진로와 직업'과 연계성을 가진다. 또한 생활 중심 교과, 실습 및 실천 중심 교과, 종합적 관계와 질서를 발견하는 통합교과적 접근을 통해 실생활에 필요한 기초적인 능력을 함양하는 데에 중요한 역할을 담당한다. 실과 교과 영역 : 가정생활, 기술정보, 생명·환경, 진로 인식 - **진로와 직업**은 생애주기별 진로 발달단계에 기초하여 학생이 학교 교육과 지역사회 및 직업 생활을 연결하는 전환교육의 관점이 강조되며, 지역사회의 구성원으로서 보다 독립적인 생활을 할 수 있도록 한다.

2015 개정 교육과정	- 자기 탐색, 직업의 세계, 작업 기초 능력, 진로 의사결정, 진로 준비, 직업 생활 - 기본 교육과정의 실과와 연계되고 선택 교육과정 전문 교과Ⅲ의 직업 교과와 관련성을 가짐
2022 개정 교육과정	- 자기 인식, 직업의 세계, 작업 기초 능력, 직업 태도, 진로 설계, 진로 준비

- 2022 선택 중심 교육과정 **특수교육 전문교과**는 직업·생활이라는 새로운 교과명을 부여하였고, 특수교육 대상 학생의 사회 적응 기능을 강화하여 미래 직업인으로서 갖추어야 할 역량 함양에 중점을 두었다.

직업·생활 교과 영역 : 진로 준비, 직업 사회생활, 직업 기능

전환 모형은 기본이론서의 이미지와 함께 보면서 암기하기!

03 Will의 특수교육 및 재활서비스국 모형 (연결모형)

고용 중심 모형으로, 학교와 고용 사이의 가교역할을 하는 3가지 다른 수준의 교육과정을 준비해야 한다.

일반적인 서비스	자신이 습득한 자원을 활용하여 졸업 후 외부지원 없이 성인의 세계로 나아가는 방법을 스스로 찾는 서비스
시간제한적 서비스	취업을 위한 직업재활이나 전문직업훈련 등의 단기간의 서비스
지속적인 서비스	고용인과 피고용인에게 지속적으로 제공하는 서비스

04 Wehman, Kregel과 Barcus 모델

고용 중심 모형으로, 다학문적 접근, 체계적인 계획, 특수교육-직업교육-재활 간의 연계를 강조한다.

투입과 기초	중등특수교육 프로그램(기능적 교육과정, 통합된 학교환경, 지역사회에 기초한 서비스 전달)
과정	가정(소비자 투입), 지역사회(관련기관 간의 협력)와의 연계를 통한 개별화된 프로그램 계획
취업결과 산출	경쟁 고용, 지원 고용, 보호작업장

05	Halpern의 지역사회 중심모형	전환의 최종 목적으로 고용만을 강조하는 것에 이의를 제기하면서 전환의 비직업적 차원도 고용이라는 궁극적 목적에 의미 있게 기여한다.
		성공적인 지역사회 적응에 필요한 비직업적 차원은 주거환경과 사회·대인관계 기술이며, 두 요소가 의미 있는 취업과 함께 갖추어졌을 때 삶의 질이 향상된다.

06	Brolin의 생활중심 진로교육모형	취학 전부터 진로중심 교육을 강조하며, 개인 발달의 모든 측면을 강조하는 총체적 인사 접근이다. 학생 스스로 자신의 진로를 개발하는 것을 강조하며, 순차적이고 계획적인 접근을 중요하게 여긴다.

1차원 능력	3가지 영역(일상생활 기능, 대인·사회적 기능, 직업안내 및 준비)에서 장애학생의 성장과 관련된 22가지 기본생활 기술
2차원 경험	학교, 가정, 지역사회의 경험 강조
3차원 단계	진로 개발의 4단계 진로 인식(초) - 진로탐색(중) - 진로 준비(고) - 진로 배치와 추수지도(취업)

07	Clark의 종합적인 전환교육 프로그램 모형	주요 가정은 한 학생의 전환을 위해 필요한 교육내용은 9가지 지식과 기술영역으로 포괄적인 전환이 이루어져야 하고
		전환은 학령기 동안 여러 번 있으며, 각 단계의 성공이 전환의 성공가능성을 증가시키며
		학교, 지역사회 서비스 기관의 참여를 통해 포괄적인 교육과 서비스를 제공해야 한다는 것이다.
		3가지 주요 전환 영역은 고용, 교육, 생활로 삶을 구성하는 전반적인 생활 맥락에서 의미 있는 전환 목표를 제시해야 한다.

08	Clark 모형의 종합적인 전환교육 프로그램	9가지 지식과 기술 영역	① 의사소통 및 학업 수행 기술 ② 자기결정기술 ③ 대인관계기술 ④ 통합된 지역사회 참여기술 ⑤ 건강과 체력 관련 기술	⑥ 독립적/상호의존적 일상생활기술 ⑦ 여가 및 레크리에이션 기술 ⑧ 고용기술 ⑨ 고등학교 이후 교육과 훈련기술
		진출시점과 성과	수직적 전환	발달적, 생애 단계의 연속체(유치원-고등 이후)
			수평적 전환	교육적 기준, 생애 성과(가정-학교-지역사회)
		교육과 서비스 전달체계	전환을 위한 지식과 기술을 개발하는 데 포함되어야 하는 체계	

09	쿨러의 혼합형 진로교육 모형	기본개념	- 전환교육에서 제공하여야 할 교육내용을 강조 - 전환도 교육의 한 측면, 학교의 실제적 지원을 위한 교육
		5가지 구성요소	① 학생 개발　　　④ 기관 간 협력 ② 학생 중심 계획　⑤ 프로그램의 구조와 속성 ③ 가족 참여
		주요 활동	- 전환 목적은 학생의 능력, 흥미, 관심, 선호도에 따라 정한다. - 전환 목적을 달성하기 위한 교수활동과 교육경험이 개발되어야 한다. - 전환 목적을 정하고 개발할 때는 학생을 포함한 다양한 주변인이 참여해야 한다.

10	상황평가	장애학생이 생활하는 실제 상황, 지역사회에서 평가자가 직무수행을 평가하는 방법으로, 평가자는 작업행동, 적응에 대해 관찰, 기록, 해석한다. 평가자는 작업 영역에서 개인의 시간, 의무, 책임과 더불어 물리적 요구, 환경 특성을 조절하는 융통성을 가진다.

11	기능적 평가	장애학생의 학업, 신체적 결함보다는 학생이 살아갈 통합환경에서 어떤 역할을 할 것인가를 중시하며 생태학, 환경적 평가 과정을 고려한다.
12	작업표본 평가	실제 직무나 모의 직무를 평가실에서 실시하는 것으로, 실제 작업에 쓰이는 재료, 도구 등을 사용한 작업과제를 표본으로 추출하여 과제 수행 평가 도구로 사용한다. 평가를 통해 개인의 직업적성, 근로자의 특성 및 직업 흥미를 확인할 수 있다.

실제 직무표본	산업체의 특정 직무를 그대로 사용하여 엄격하게 평가함
모의 작업표본	직무의 핵심이 되는 작업요인을 평가함
단일 특성 표본	단일 근로자 특성을 평가함 (서빙)
군특성 표본	근로자의 특성군을 평가함 (서비스직)

13	직무현장평가	실제 직무현장에서 고용자나 직무감독자가 직무수행을 평가하는 방법으로. 상황평가에 비해 환경이나 유형을 바꾸지 않고 경쟁적인 작업환경에 배치하여 성공적인 작업 수행과 생산 요구에 대한 충족 여부를 확인한다. 장점으로 실제 작업 상황에서 발생하는 문제점을 찾아 개선할 수 있고 작업능력과 동시에 사회성을 평가할 수 있지만, 단점으로 인원이 제한적이고 많은 시간과 비용이 소요된다.
14	직무분석	직무를 체계적으로 분석하여 학생이 참여하게 될 작업 현장에 대한 고용 준비활동 정보를 파악하는 것으로, 작업 수행 절차를 개발할 수 있고 그에 대한 교수법을 결정할 수 있다. 그 중 적합성 분석을 통해 작업자-직무 관계에서 잘 어울리는 부분과 어울리지 않는 부분들에 대해 분석하여 직업에 대한 적응을 높일 수 있다.

15	경쟁고용	선훈련-후배치 모델이며, 통합된 환경에서 비장애 동료들과 동일한 임금을 받으며 일하는 것으로, 배치 전이나 초기에 집중적인 지원서비스를 받는다.
16	지원고용	선배치-후훈련 모델이며, 통합된 환경에서 중증장애인이 장애·비장애 동료들과 함께 일하며 적절한 수준의 임금을 받으며 일하는 것으로, 직무지도원의 지속적인 지원을 받다 점차 자연적 지원을 통해 독립적으로 수행하는 것을 목표로 한다.

	강조점	① 통합 ② 임금 및 혜택 보장 ③ 선배치-후훈련 ④ 차별 금지	⑤ 융통성 있는 지원 ⑥ 생애에 걸친 지원 ⑦ 선택
	절차 6단계	진로 계획 – 직무 분석 – 작업자 평가 – 직무 배치 – 교수 – 계속지원	

17	지원고용의 유형	개별배치 모델	1명의 작업자를 1명의 작업코치가 훈련 및 서비스 제공
		소집단 모델	3~8명으로 구성된 그룹이 비장애인 직원 옆에서 작업
		이동작업대 모델	3~8명의 작업자와 1~2명의 감독자가 함께 지역을 이동하며 하청서비스 수행
		소기업 모델	비장애인과 장애인을 함께 고용하는 영리기업

18	보호고용	인력 서비스 기관에서 장애인을 고용하여 운영하는 업체로, 보호작업장에서 작업 적응이나 직업 기술 훈련을 실시하며, 비장애인과 분리되어 작업을 수행한다.
19	작업활동센터	장애가 심하여 생산적인 작업을 할 수 없는 장애인에게 활동프로그램을 제공한다.

특수교사 임용의 정석_특효약

키워드 체크리스트

청각장애

01	귀의 구조	☐☐☐☐	18	보청기 기본사항	☐☐☐☐
02	dB(데시벨)	☐☐☐☐	19	보청기 증폭시스템	☐☐☐☐
03	Hz(주파수)	☐☐☐☐	20	특수보청기	☐☐☐☐
04	지속시간	☐☐☐☐	21	인공와우 기본사항	☐☐☐☐
05	소리 전달	☐☐☐☐	22	인공와우 착용 시 유의점	☐☐☐☐
06	전음성 청각장애	☐☐☐☐	23	인공와우 프로그래밍	☐☐☐☐
07	감음신경성 청각장애 (=미로성 난청)	☐☐☐☐	24	2Bi (이중언어·이중문화접근법)	☐☐☐☐
08	혼합성 청각장애	☐☐☐☐	25	청능훈련 정의	☐☐☐☐
09	청각처리장애(APD) (=후미로성 난청)	☐☐☐☐	26	듣기기술의 단계	☐☐☐☐
10	편측성 난청	☐☐☐☐	27	독화의 한계	☐☐☐☐
11	순음청력검사 목적	☐☐☐☐	28	큐드스피치	☐☐☐☐
12	순음청력검사 유형	☐☐☐☐	29	말하기 지도 전략	☐☐☐☐
13	차폐	☐☐☐☐	30	자연 수어와 문법 수어	☐☐☐☐
14	청력검사 관련 용어	☐☐☐☐	31	수화소와 최소대립쌍	☐☐☐☐
15	어음인지역치 검사 목적과 결과해석	☐☐☐☐	32	수어의 언어 및 표현상의 특징	☐☐☐☐
16	어음명료도 검사 목적과 결과해석	☐☐☐☐	33	통합교육 시 유의점	☐☐☐☐
17	링의 6개음 검사	☐☐☐☐	34	촉수화, 촉지문자, 손가락 점자	☐☐☐☐

키워드 체크리스트

의사소통장애

01	의사소통장애의 영역	15	평가 시 주의사항
02	언어적 요소	16	조음·음운장애 오류형태
03	준언어적 요소	17	전통적 치료기법과 언어인지적 접근법의 차이점
04	비언어적 요소	18	짝자극 기법
05	초언어적 요소	19	접근법
06	언어의 구조	20	변별자질 접근법
07	자음분류기준	21	음운변동 접근법
08	모음분류기준	22	말더듬 핵심행동
09	모음의 중앙화	23	부수행동
10	조음·음운장애의 원인	24	말더듬수정법 특성
11	개별음소 오류평가	25	반리퍼의 MIDVAS 치료 방법
12	오류 음운변동 분석과 오류 자질 분석	26	유창성장애 교사 교육
13	자극반응도	27	음성장애를 고려한 교사의 유의점
14	말 명료도와 말 용인도	28	단순언어장애 조건

의사소통장애

번호	키워드		번호	키워드	
29	사회적 의사소통장애 정의	☐ ☐ ☐ ☐	43	이끌어내기	☐ ☐ ☐ ☐
30	음운인식 정의	☐ ☐ ☐ ☐	44	반복하기	☐ ☐ ☐ ☐
31	음절수준 음운인식 훈련	☐ ☐ ☐ ☐	45	기타 언어자극 전략	☐ ☐ ☐ ☐
32	음소수준 음운인식 훈련	☐ ☐ ☐ ☐	46	EMT와 MT의 차이점	☐ ☐ ☐ ☐
33	상위언어인식 훈련	☐ ☐ ☐ ☐	47	모델링과 요구-모델링	☐ ☐ ☐ ☐
34	수용언어지도	☐ ☐ ☐ ☐	48	시간지연	☐ ☐ ☐ ☐
35	표현언어지도	☐ ☐ ☐ ☐	49	우연교수	☐ ☐ ☐ ☐
36	브로카와 베르니케 실어증 비교	☐ ☐ ☐ ☐	50	스크립트 문맥	☐ ☐ ☐ ☐
37	실어증의 언어적 특성	☐ ☐ ☐ ☐	51	낱말찾기 훈련	☐ ☐ ☐ ☐
38	아동지향어	☐ ☐ ☐ ☐	52	자발화 분석의 목적	☐ ☐ ☐ ☐
39	명시적 오류수정	☐ ☐ ☐ ☐	53	전사 시 유의점	☐ ☐ ☐ ☐
40	상위언어적 교정	☐ ☐ ☐ ☐	54	의미론적 분석	☐ ☐ ☐ ☐
41	고쳐말하기	☐ ☐ ☐ ☐	55	구문론적 분석	☐ ☐ ☐ ☐
42	명료화 요구하기	☐ ☐ ☐ ☐	56	화용론적 분석	☐ ☐ ☐ ☐

키워드 체크리스트

시각장애

01	눈의 조절능력	☐☐☐☐	14	원거리 시력검사의 활용	☐☐☐☐
02	시세포	☐☐☐☐	15	망원경 배율 공식	☐☐☐☐
03	렌즈의 굴절	☐☐☐☐	16	근거리 시력검사의 목적	☐☐☐☐
04	눈부심이 있는 안질환	☐☐☐☐	17	근거리 시력검사의 활용	☐☐☐☐
05	선천성 백내장	☐☐☐☐	18	암슬러 격자법	☐☐☐☐
06	선천성 녹내장	☐☐☐☐	19	점자 주 매체 사용자	☐☐☐☐
07	당뇨 망막병증	☐☐☐☐	20	이중매체 사용자	☐☐☐☐
08	망막색소변성증	☐☐☐☐	21	확대법 4가지	☐☐☐☐
09	황반변성	☐☐☐☐	22	중심 외 보기	☐☐☐☐
10	미숙아 망막병증	☐☐☐☐	23	잔존시야 활용 기술	☐☐☐☐
11	반맹 교육적 조치	☐☐☐☐	24	인지적 과정	☐☐☐☐
12	안구진탕	☐☐☐☐	25	청각활용훈련	☐☐☐☐
13	원거리 시력검사의 목적	☐☐☐☐	26	방향정위 활용요소	☐☐☐☐

시각장애

27	자기보호법	☐ ☐ ☐ ☐
28	핸드 트레일링	☐ ☐ ☐ ☐
29	신체정렬	☐ ☐ ☐ ☐
30	친숙화 과정	☐ ☐ ☐ ☐
31	안내법 기본자세	☐ ☐ ☐ ☐
32	2촉 촉타	☐ ☐ ☐ ☐
33	지면접촉유지	☐ ☐ ☐ ☐
34	촉타 후 밀기	☐ ☐ ☐ ☐
35	촉타 후 긋기	☐ ☐ ☐ ☐
36	대각선법	☐ ☐ ☐ ☐
37	기준선 보행	☐ ☐ ☐ ☐
38	안내견 보행의 목적	☐ ☐ ☐ ☐
39	확대경 유형	☐ ☐ ☐ ☐
40	시야와 초점거리	☐ ☐ ☐ ☐
41	시야 확대 보조구	☐ ☐ ☐ ☐
42	확대독서기 기능	☐ ☐ ☐ ☐
43	OCR	☐ ☐ ☐ ☐
44	점자정보 단말기	☐ ☐ ☐ ☐
45	점자정보 단말기의 기능	☐ ☐ ☐ ☐
46	데이지 형식	☐ ☐ ☐ ☐
47	촉각자료 제작 시 유의점	☐ ☐ ☐ ☐
48	청각자료 제작 시 유의점	☐ ☐ ☐ ☐
49	확대핵심 교육과정	☐ ☐ ☐ ☐
50	촉각 상징 의사소통 유형	☐ ☐ ☐ ☐
51	촉각적 모델링 vs 신체적 안내법	☐ ☐ ☐ ☐
52	손 위 손 안내법	☐ ☐ ☐ ☐
53	손 아래 손 안내법	☐ ☐ ☐ ☐

키워드 체크리스트

지체장애 및 중도·중복장애

01	경직형 뇌성마비	15	신경 발달 처치 목표
02	경직형 양마비	16	협력적 팀 접근 (진단, 중재)
03	경직형 편마비	17	근이영양증 정의와 원인
04	불수의운동형 뇌성마비	18	듀센형 근이영양증
05	운동실조형 뇌성마비	19	안면견갑상완형
06	기능적 분류 (GMFCS) 기준	20	근이영양증 지원
07	기능적 분류 (GMFCS) 단계	21	이분척추 척수수막류
08	원시반사	22	부재 발작
09	대칭성 긴장성 목반사	23	전신 긴장성-간대성 발작
10	비대칭성 긴장성 목반사	24	발작 시 대처 방법
11	긴장성 미로반사	25	골형성 부전증
12	양성지지반응 및 음성지지반응	26	중립자세
13	뇌성마비 신체적 특성	27	앉기 지도 전략
14	뇌성마비 생리조절 특성	28	프론 스탠더와 수파인 스탠더

지체장애 및 중도·중복장애

#	키워드		#	키워드	
29	후방지지형 워커	☐☐☐☐	43	중도·중복장애 의사소통 평가	☐☐☐☐
30	크러치 계단 오르내리기	☐☐☐☐	44	역동적 평가	☐☐☐☐
31	휠체어 구성요소	☐☐☐☐	45	건강장애 정의	☐☐☐☐
32	보장구의 역할	☐☐☐☐	46	소속학교와 협력학교	☐☐☐☐
33	들어 올리기 시 유의점	☐☐☐☐	47	건강관리계획에 포함되어야 하는 내용	☐☐☐☐
34	등 뒤에서 양 손목 잡기	☐☐☐☐	48	신장장애	☐☐☐☐
35	위식도 역류	☐☐☐☐	49	소아천식	☐☐☐☐
36	흡인	☐☐☐☐	50	소아당뇨	☐☐☐☐
37	대각선 컵	☐☐☐☐	51	심장장애	☐☐☐☐
38	튜브를 통한 음식물 섭취	☐☐☐☐	52	건강장애 선정 및 배치	☐☐☐☐
39	하임리히 구명법	☐☐☐☐	53	병원학교	☐☐☐☐
40	용변 기술 준비도 평가	☐☐☐☐	54	순회교육	☐☐☐☐
41	지체장애 유형별 착탈의 기술	☐☐☐☐	55	최소 위험가설의 기준	☐☐☐☐
42	대화 상대자 훈련	☐☐☐☐	56	삽입교수	☐☐☐☐
			57	몸짓언어	☐☐☐☐

키워드 체크리스트

특수교육공학

번호	키워드		번호	키워드	
01	웹 콘텐츠 접근성 지침	☐ ☐ ☐ ☐	15	윈도우 접근성 센터	☐ ☐ ☐ ☐
02	보편적 설계(UD)와 보편적 학습설계(UDL)	☐ ☐ ☐ ☐	16	키가드	☐ ☐ ☐ ☐
03	UD와 UDL 비교	☐ ☐ ☐ ☐	17	확대 키보드와 미니 키보드	☐ ☐ ☐ ☐
04	차별화 교수 - UDL을 적용한 교수	☐ ☐ ☐ ☐	18	조이스틱과 트랙볼	☐ ☐ ☐ ☐
05	다양한 방식의 표상 제공	☐ ☐ ☐ ☐	19	단어 예견 프로그램	☐ ☐ ☐ ☐
06	다양한 방식의 행동과 표현수단 제공	☐ ☐ ☐ ☐	20	AAC 사용자의 의사소통 역량	☐ ☐ ☐ ☐
07	다양한 방식의 학습참여 제공	☐ ☐ ☐ ☐	21	AAC 체계 - 상징	☐ ☐ ☐ ☐
08	컴퓨터보조수업(CAI) 유형	☐ ☐ ☐ ☐	22	상징 선택 시 고려 요소	☐ ☐ ☐ ☐
09	보조공학의 연속성	☐ ☐ ☐ ☐	23	AAC 체계 - 도구	☐ ☐ ☐ ☐
10	보조공학 사정의 원칙	☐ ☐ ☐ ☐	24	AAC 체계 - 직접 선택	☐ ☐ ☐ ☐
11	인간 활동 보조공학 모델	☐ ☐ ☐ ☐	25	시간 활성화	☐ ☐ ☐ ☐
12	SETT 구조 모델	☐ ☐ ☐ ☐	26	해제 활성화	☐ ☐ ☐ ☐
13	보조공학 숙고 과정 모델	☐ ☐ ☐ ☐	27	평균(여과)활성화	☐ ☐ ☐ ☐
14	보조공학 전달체계	☐ ☐ ☐ ☐	28	간접 선택	☐ ☐ ☐ ☐

특수교육공학

29	행렬 스캐닝	☐ ☐ ☐ ☐
30	자동 훑기	☐ ☐ ☐ ☐
31	단계적 훑기	☐ ☐ ☐ ☐
32	반전 훑기	☐ ☐ ☐ ☐
33	시각적 스캐닝	☐ ☐ ☐ ☐
34	청각적 스캐닝	☐ ☐ ☐ ☐
35	메시지 확인하기 전략	☐ ☐ ☐ ☐
36	참여모델	☐ ☐ ☐ ☐
37	AAC 기초능력 평가	☐ ☐ ☐ ☐
38	AAC 지도 효과 평가	☐ ☐ ☐ ☐
39	AAC 상징 배열 및 구성 – 문법적 범주 이용	☐ ☐ ☐ ☐
40	AAC 상징 배열 및 구성 – 의미론적 범주 이용	☐ ☐ ☐ ☐
41	AAC 상징 배열 및 구성 – 환경/활동 중심 구성	☐ ☐ ☐ ☐

MEMO

키워드 체크리스트

특수교육공학

번호	키워드		번호	키워드
01	사회적 통합	☐☐☐☐	16	평가 조정
02	교수-지원	☐☐☐☐	17	협동학습의 원리
03	스테이션 교수	☐☐☐☐	18	성취과제 분담학습 (STAD)
04	평행교수	☐☐☐☐	19	팀 경쟁 학습 (TGT)
05	대안교수	☐☐☐☐	20	팀 보조 개별학습 (TAI)
06	팀교수	☐☐☐☐	21	과제 분담 학습 II (Jigsaw II)
07	다학문적 접근	☐☐☐☐	22	자율적 협동학습 (Coop-Coop)
08	간학문적 접근	☐☐☐☐	23	또래교수 시 교사의 역할
09	초학문적 접근	☐☐☐☐	24	튜터와 튜티의 효과
10	조정과 수정	☐☐☐☐	25	상보적 또래교수
11	중다 수준 교육과정과 중복교육과정	☐☐☐☐	26	상급학생 또래교수와 동급학년 또래교수
12	교육과정 수정 시 유의점	☐☐☐☐	27	전문가 또래교수와 역할반전 또래교수
13	UDL과 교수적 수정	☐☐☐☐	28	전학급 또래교수 (CWPT)
14	교수적 수정 구성 및 방법	☐☐☐☐	29	또래지원 학습전략 (PALS)
15	다면적 점수화	☐☐☐☐	30	전 학급 학생 또래교수팀 (CSTT)

행동지원

01	긍정적 행동지원의 주요 요소	☐☐☐☐	18	지속시간 기록법 ☐☐☐☐
02	문제행동의 우선순위화	☐☐☐☐	19	지연시간 기록법 ☐☐☐☐
03	기능평가	☐☐☐☐	20	반응기회 관찰기록 ☐☐☐☐
04	가설 수립	☐☐☐☐	21	기준치 도달 관찰기록 ☐☐☐☐
05	행동의 조작적 정의	☐☐☐☐	22	전체 간격 기록법 ☐☐☐☐
06	PBS 계획 수립과 실행	☐☐☐☐	23	부분 간격 기록법 ☐☐☐☐
07	학교 차원의 긍정적 행동지원 체계	☐☐☐☐	24	순간 표집법 ☐☐☐☐
08	학교 차원의 긍정적 행동지원의 핵심요소	☐☐☐☐	25	관찰자 간 일치도(IOA) ☐☐☐☐
09	문제행동의 기능	☐☐☐☐	26	관찰자 일치도에 영향을 미칠 수 있는 것 ☐☐☐☐
10	면담	☐☐☐☐	27	동기조작 ☐☐☐☐
11	행동분포 관찰기록지 (산점도)	☐☐☐☐	28	자극통제 ☐☐☐☐
12	일화 관찰기록	☐☐☐☐	29	정적 강화와 부적 강화 ☐☐☐☐
13	ABC 관찰기록	☐☐☐☐	30	정적 벌과 부적 벌 ☐☐☐☐
14	행동의 7가지 차원	☐☐☐☐	31	1차적 강화제와 2차적 강화제 ☐☐☐☐
15	행동목표 세우기	☐☐☐☐	32	가시적 강화자극 ☐☐☐☐
16	행동 결과물 중심 관찰기록	☐☐☐☐	33	활동 강화자극 ☐☐☐☐
17	사건기록법	☐☐☐☐	34	일반화된(조건) 강화자극 ☐☐☐☐

키워드 체크리스트

행동지원

#	키워드		#	키워드	
35	사회적 강화자극	☐☐☐☐	52	동시촉진 (0초 촉진)	☐☐☐☐
36	연속 강화계획과 간헐 강화계획	☐☐☐☐	53	도움감소법과 도움증가법	☐☐☐☐
37	비율 강화계획	☐☐☐☐	54	시간지연법	☐☐☐☐
38	간격 강화계획	☐☐☐☐	55	점진적 안내 감소와 그림자법	☐☐☐☐
39	반응지속시간 강화계획	☐☐☐☐	56	행동연쇄	☐☐☐☐
40	토큰제도	☐☐☐☐	57	전진형 행동연쇄	☐☐☐☐
41	토큰제도 누적 방지 방법 및 효과적 사용	☐☐☐☐	58	후진형 행동연쇄	☐☐☐☐
42	행동계약	☐☐☐☐	59	전체과제 제시법	☐☐☐☐
43	행동계약 구성요소	☐☐☐☐	60	행동형성	☐☐☐☐
44	종속적 집단강화	☐☐☐☐	61	최소 강제 대안의 원칙	☐☐☐☐
45	독립적 집단강화	☐☐☐☐	62	저빈도 행동 차별강화 (DRL)	☐☐☐☐
46	상호종속적 (의존적) 집단강화	☐☐☐☐	63	다른 행동 차별강화 (DRO)	☐☐☐☐
47	고확률 요구연속	☐☐☐☐	64	대체행동 차별강화 (DRA)	☐☐☐☐
48	촉진과 용암	☐☐☐☐	65	상반행동 차별강화(DRI)	☐☐☐☐
49	반응촉진	☐☐☐☐	66	비유관 강화(NCR)	☐☐☐☐
50	자극촉진	☐☐☐☐	67	소거	☐☐☐☐
51	자연적 촉진	☐☐☐☐	68	소거 적용 시 주의점	☐☐☐☐

행동지원

#	키워드					MEMO
69	반응대가와 타임아웃	☐	☐	☐	☐	
70	과잉교정	☐	☐	☐	☐	
71	학습단계	☐	☐	☐	☐	
72	자극 일반화	☐	☐	☐	☐	
73	반응 일반화	☐	☐	☐	☐	
74	유지 전략	☐	☐	☐	☐	
75	연구설계의 신뢰도	☐	☐	☐	☐	
76	연구설계의 타당도	☐	☐	☐	☐	
77	시각적 분석	☐	☐	☐	☐	
78	ABAB 설계	☐	☐	☐	☐	
79	중다기초선 설계	☐	☐	☐	☐	
80	중다간헐기초선 설계	☐	☐	☐	☐	
81	교대중재설계	☐	☐	☐	☐	
82	기준변경설계	☐	☐	☐	☐	
83	조건변경설계	☐	☐	☐	☐	
84	자기 기록 (자기 점검)	☐	☐	☐	☐	
85	자기 평가와 자기 강화	☐	☐	☐	☐	

키워드 체크리스트

지적장애

01	지적장애 진단·평가 영역	☐ ☐ ☐ ☐
02	AAIDD 12차 5가지 가정	☐ ☐ ☐ ☐
03	적응행동의 3가지 요인	☐ ☐ ☐ ☐
04	AAIDD 다차원적 모델	☐ ☐ ☐ ☐
05	AAIDD 다차원적 모델 특징	☐ ☐ ☐ ☐
06	지원 모델	☐ ☐ ☐ ☐
07	개인중심계획과 지원정도척도	☐ ☐ ☐ ☐
08	지적장애 다중위험요인	☐ ☐ ☐ ☐
09	예방론	☐ ☐ ☐ ☐
10	대사 이상에 의한 열성 유전	☐ ☐ ☐ ☐
11	약체 X 증후군	☐ ☐ ☐ ☐
12	다운증후군	☐ ☐ ☐ ☐
13	클라인펠터 증후군과 터너 증후군	☐ ☐ ☐ ☐
14	윌리엄스 증후군	☐ ☐ ☐ ☐
15	프래더-윌리 증후군	☐ ☐ ☐ ☐
16	안젤만 증후군	☐ ☐ ☐ ☐
17	인지적 학습 특성	☐ ☐ ☐ ☐
18	기억 중재 전략	☐ ☐ ☐ ☐
19	선택적 주의집중 정의와 중재 방안	☐ ☐ ☐ ☐
20	반두라의 관찰학습	☐ ☐ ☐ ☐
21	학습된 무기력	☐ ☐ ☐ ☐
22	성공기대감	☐ ☐ ☐ ☐
23	심리·정서 중재 전략	☐ ☐ ☐ ☐
24	생태학적 접근	☐ ☐ ☐ ☐
25	교육과정 구성을 위한 기본 전제	☐ ☐ ☐ ☐
26	생태학적 목록	☐ ☐ ☐ ☐

지적장애

#	키워드					MEMO
27	경험적 타당도와 사회적 타당도	☐	☐	☐	☐	
28	지역사회 모의수업	☐	☐	☐	☐	
29	지역사회 참조교수	☐	☐	☐	☐	
30	지역사회 중심교수	☐	☐	☐	☐	
31	일반사례 교수법	☐	☐	☐	☐	
32	일반사례 교수법 단계	☐	☐	☐	☐	
33	부분참여의 원리와 사회적 역할 가치화	☐	☐	☐	☐	
34	부분참여의 잘못된 유형	☐	☐	☐	☐	
35	자기결정 정의	☐	☐	☐	☐	
36	위마이어의 자기결정 기능이론	☐	☐	☐	☐	
37	자기결정 교수학습모델	☐	☐	☐	☐	
38	기본적 일상생활 활동과 수단적 일상생활 활동	☐	☐	☐	☐	
39	사회적 능력 결함 유형	☐	☐	☐	☐	

키워드 체크리스트

자폐성장애

01 DSM-5 진단 준거 A	☐ ☐ ☐ ☐	11 비연속 시행훈련 (DTT)	☐ ☐ ☐ ☐
02 DSM-5 진단 준거 B	☐ ☐ ☐ ☐	12 기능적 의사소통 훈련 (FCT)	☐ ☐ ☐ ☐
03 마음이해능력 결함	☐ ☐ ☐ ☐	13 중심축 반응훈련 (PRT)	☐ ☐ ☐ ☐
04 실행기능 결함	☐ ☐ ☐ ☐	14 그림교환 의사소통체계 (PECS)	☐ ☐ ☐ ☐
05 중앙응집능력 결함	☐ ☐ ☐ ☐	15 공동행동일과	☐ ☐ ☐ ☐
06 의사소통 특성	☐ ☐ ☐ ☐	16 TEACCH 프로그램	☐ ☐ ☐ ☐
07 높은 역치 감각 특성	☐ ☐ ☐ ☐	17 사회적 상황이야기	☐ ☐ ☐ ☐
08 낮은 역치 감각 특성	☐ ☐ ☐ ☐	18 짧은 만화이야기 (=연재만화)	☐ ☐ ☐ ☐
09 교수 맥락 만들기	☐ ☐ ☐ ☐	19 사회적 도해	☐ ☐ ☐ ☐
10 혼자만의 공간 (진정 영역)	☐ ☐ ☐ ☐	20 파워카드	☐ ☐ ☐ ☐

정서·행동장애

01	의학적 분류 문제행동의 3요소	14	귀인 재훈련
02	교육적 분류	15	불안장애 하위 유형
03	기질	16	불안장애 중재
04	안정애착과 불안정애착	17	외상 및 스트레스 관련 장애
05	아동·청소년 행동평가 척도 (K-CBCL)	18	강박-충동 및 관련 장애
06	다관문 절차(SSBD)	19	우울장애와 양극성 장애
07	신체 생리학적 모델	20	뚜렛증후군
08	심리역동적 모델	21	만성 음성/운동 틱장애
09	행동주의적 모델	22	잠정적 틱장애
10	인지주의적 모델	23	틱장애 중재 방법
11	생태학적 모델	24	적대적 반항장애
12	자기교수	25	품행장애
13	합리적 정서행동 치료 (REBT)	26	주의력 결핍 과잉행동장애 (ADHD)

키워드 체크리스트

학습장애

번호	항목		번호	항목	
01	학습장애 DSM-5 정의	☐☐☐☐	17	읽기 유창성 3요소	☐☐☐☐
02	학습장애 진단·평가 영역	☐☐☐☐	18	읽기 유창성 오류 유형	☐☐☐☐
03	능력-성취 불일치 접근법 기본 개념	☐☐☐☐	19	읽기 유창성 교수 시 고려점	☐☐☐☐
04	학년수준 편차공식	☐☐☐☐	20	읽기 유창성 교수 유형	☐☐☐☐
05	표준수준 비교공식	☐☐☐☐	21	파트너 읽기	☐☐☐☐
06	회귀공식	☐☐☐☐	22	단락 축소	☐☐☐☐
07	중재반응 모델(RTI) 기본 개념	☐☐☐☐	23	예측 릴레이	☐☐☐☐
08	중재반응 모델(RTI) 평가과정	☐☐☐☐	24	어휘 지식 수준	☐☐☐☐
09	교육과정 중심측정(CBM)	☐☐☐☐	25	사전적 정의	☐☐☐☐
10	인지처리과정 결함 접근법	☐☐☐☐	26	키워드 기억 전략	☐☐☐☐
11	읽기 하위 기술	☐☐☐☐	27	의미 지도	☐☐☐☐
12	음운인식의 하위 기술	☐☐☐☐	28	개념 지도 및 개념 다이어그램	☐☐☐☐
13	단어 인지 교수법	☐☐☐☐	29	의미 특성 분석	☐☐☐☐
14	일견단어 교수법	☐☐☐☐	30	빈번한, 풍부한, 확장하는 어휘 교수 및 다독	☐☐☐☐
15	언어경험 접근법	☐☐☐☐	31	읽기 이해 수준	☐☐☐☐
16	해독중심 프로그램	☐☐☐☐	32	읽기 전 전략	☐☐☐☐

학습장애

번호	키워드	번호	키워드
01	읽기 중 교수	17	수학 관련 인지적 특성
02	읽기 후 교수	18	CSA 계열
03	상보적 교수	19	수 세기 전략
04	K-W-L	20	자릿값 구성요소
05	쓰기 유창성	21	덧셈 오류 유형
06	시각 단서	22	두 자릿수 이상의 덧셈 교수
07	인출 교수법	23	뺄셈 오류 유형
08	베껴 쓰기	24	두 자릿수 이상의 뺄셈 교수
09	철자쓰기 정의 및 오류 유형	25	곱셈 오류 유형
10	자기 교정법	26	곱셈 교수 전략
11	지속적인 시간지연	27	나눗셈 오류 유형
12	작문과 잘 쓴 글의 특징	28	포함제와 등분제
13	쓰기 과정적 접근법	29	나눗셈 교수 전략
14	쓰기 과정적 접근법의 교사 역할	30	문장제 응용 문제 필요 능력
15	자기조절 전략 교수	31	핵심어 전략
16	글 구조에 대한 교수	32	시각적 표상화 전략

키워드 체크리스트

학습장애

번호	키워드					MEMO
65	전략 교수	☐	☐	☐	☐	
66	계산기 사용 시 효과와 고려점	☐	☐	☐	☐	
67	학습 안내지	☐	☐	☐	☐	
68	워크 시트	☐	☐	☐	☐	
69	안내노트	☐	☐	☐	☐	
70	그래픽 조직자 유형	☐	☐	☐	☐	
71	핵심어 전략	☐	☐	☐	☐	
72	페그워드 전략	☐	☐	☐	☐	
73	문자 전략	☐	☐	☐	☐	
74	기타 기억전략	☐	☐	☐	☐	
75	정밀교수	☐	☐	☐	☐	
76	직접 교수법	☐	☐	☐	☐	
77	사회적 기술의 평가	☐	☐	☐	☐	
78	자기보고법	☐	☐	☐	☐	
79	지명도 측정법 (교우도 검사)	☐	☐	☐	☐	
80	FAST 전략	☐	☐	☐	☐	
81	SLAM 전략	☐	☐	☐	☐	

진단·평가

번호	키워드		번호	키워드	
01	진단·평가의 단계	☐☐☐☐	15	발달점수와 상대적 위치점수	☐☐☐☐
02	선별 정의	☐☐☐☐	16	등가점수	☐☐☐☐
03	위양과 위음	☐☐☐☐	17	백분위 점수	☐☐☐☐
04	의뢰 전 중재	☐☐☐☐	18	표준점수	☐☐☐☐
05	집중경향성	☐☐☐☐	19	타당도와 신뢰도	☐☐☐☐
06	상관	☐☐☐☐	20	안면 타당도	☐☐☐☐
07	표준화 검사 특성	☐☐☐☐	21	내용 타당도	☐☐☐☐
08	생활연령	☐☐☐☐	22	공인 타당도	☐☐☐☐
09	기저점	☐☐☐☐	23	예측 타당도	☐☐☐☐
10	최고 한계점	☐☐☐☐	24	구인 타당도	☐☐☐☐
11	시작점	☐☐☐☐	25	검사-재검사 신뢰도	☐☐☐☐
12	원점수 산출	☐☐☐☐	26	동형검사 신뢰도	☐☐☐☐
13	원점수와 변환점수	☐☐☐☐	27	내적 일관성 신뢰도	☐☐☐☐
14	백분율점수와 유도점수	☐☐☐☐	28	채점자 간 신뢰도	☐☐☐☐

키워드 체크리스트

진단·평가

01	신뢰 구간	☐ ☐ ☐ ☐
02	규준참조검사	☐ ☐ ☐ ☐
03	준거참조검사	☐ ☐ ☐ ☐
04	준거참조-교육과정 중심사정 (CR-CBA)	☐ ☐ ☐ ☐
05	교육과정 중심측정 (CBM)	☐ ☐ ☐ ☐
06	수행사정	☐ ☐ ☐ ☐
07	포트폴리오 사정	☐ ☐ ☐ ☐
08	역동적 평가	☐ ☐ ☐ ☐
09	웩슬러 아동 지능검사 5판	☐ ☐ ☐ ☐
10	웩슬러 아동 지능검사 4판, 5판 비교	☐ ☐ ☐ ☐
11	웩슬러 유아지능 검사 (K-WPPSI-4)	☐ ☐ ☐ ☐
12	한국판 카우프만 지능검사 (K-ABC-Ⅱ)	☐ ☐ ☐ ☐
13	사회성숙도 검사	☐ ☐ ☐ ☐
14	국립특수교육원 적응행동검사 (NISE-K-ABS)	☐ ☐ ☐ ☐
15	한국판 적응행동 검사 (K-SIB-R)	☐ ☐ ☐ ☐

MEMO

전환교육

01	전환교육의 의미	11	기능적 평가
02	전환교육과 관련 있는 교과의 성격	12	작업표본 평가
03	Will의 특수교육 및 재활서비스국 모형 (연결모형)	13	직무현장평가
04	Wehman, Kregel과 Barcus 모델	14	직무분석
05	Halpern의 지역사회 중심모형	15	경쟁고용
06	Brolin의 생활중심 진로교육모형	16	지원고용
07	Clark의 종합적인 전환교육 프로그램 모형	17	지원고용의 유형
08	Clark 모형의 종합적인 전환교육 프로그램	18	보호고용
09	퀄러의 혼합형 진로교육 모형	19	작업활동센터
10	상황평가		

인출 끝!

박해인 특수의 정석 특효약 - 유·초·중 특수교사 임용시험의 모든 것

편저자	박해인
펴낸곳	모두 efe
발행인	박해인
주 소	서울특별시 강남구 봉은사로1길 6, 5층 5120호
이메일	contact@edu4modu.com
전 화	070-8983-4623
팩 스	0508-915-2851
발행일	2025.04.01
ISBN	979-11-93819-18-0(13370)

• ― 본 책은 저작자의 지적 재산으로서 무단 전재와 복제를 금합니다.

정가 23,000원